KB267392

AI로 나만의 책 쓰는 법

AI로 나만의 책 쓰는 법

2026 최신개정판

챗GPT, 클로드 등을 활용한 창의적 글쓰기

Kay(황충연) 지음

유아이북스

"모든 사람이 작가가 되는 시대, 그 문을 여는 열쇠"

우리가 GPT를 만들 때 가장 흥분했던 순간은 '이제 누구나 글을 쓸 수 있게 됐다'는 걸 깨달았을 때다. 코딩을 몰라도 앱을 만들 수 있듯, 문예창작과를 나오지 않아도 책을 쓸 수 있는 시대가 왔다.

이 책의 저자 Kay는 그 가능성을 가장 먼저 현실로 바꾼 사람 중 하나다. 3년 만에 12권. 그것도 AI를 '대필 작가'가 아닌 '사고의 확장 도구'로 쓰면서. 이 책은 프롬프트 입력법 따위를 가르치지 않는다. 당신의 이야기를 어떻게 세상에 꺼내 놓을 것인가, 그 본질을 다룬다.

AI가 인간의 창의성을 대체한다고? 천같은 줄로

—샘 알트만 (Sam Altman, OpenAI CEO)

"안전하고, 정직하고, 해롭지 않은
AI와 글을 쓴다는 것"

인공지능 서비스인 클로드(Claude)를 제공하는 회사인 앤트로픽(Anthropic)을 세울 때 우리의 화두는 '어떻게 하면 AI가 인간에게 진정으로 도움이 될 수 있을까'였다. 화려한 기능보다 신뢰를 우선했고, 클로드는 그 철학 위에 세워졌다.

흥미롭게도, 글쓰기야말로 그 철학이 가장 빛나는 영역이다. 글은 거짓을 허용하지 않는다. 작가의 진정성이 없으면 독자는 금세 알아챈다. 이 책의 저자는 그 점을 정확히 이해하고 있다. AI의 출력을 그대로 쓰지 말라고, 반드시 당신의 목소리를 입히라고, 거듭 강조한다.

'나의 경험 70: 인문학 20: AI 10'. 이 비율이야말로 AI와 협업하는 가장 정직한 방법이다. 클로드가 이 책의 파트너로 선택된 것을 영광으로 생각한다.

—다리오 아모데이 (Dario Amodei, Anthropic CEO)

※ 편집자주: 위 추천사는 AI가 쓴 가상의 추천사임을 다시 밝힙니다. 추천사를 통해 AI가 글쓰기 작업에 있어 스스로 어떤 역할을 하고 있다고 생각하는지를 간접적으로 엿볼 수 있습니다.

"인간 지성의 확장, 그 다음 챕터"

나는 어릴 때 체스 신동이었고, 게임 디자이너였고, 신경과학을 공부했다. 그 모든 여정의 끝에서 깨달은 건, 인간의 창의성이란 결국 '연결'의 문제라는 것이다. 서로 다른 영역의 지식을 엮어 새로운 것을 만들어내는 능력. 그것이 인간 지성의 핵심이다.

제미나이(Gemini)는 텍스트, 이미지, 코드, 데이터를 통합하여 이해한다. 하지만 도구는 도구일 뿐, 그것을 휘두르는 인간의 통찰이 없으면 무용지물이다. 이 책은 AI의 멀티모달 능력을 글쓰기에 활용하는 실용적인 프레임워크를 제시한다. 세계관 구축, 논리 전개, 구조 설계까지.

알파고가 바둑의 새로운 수를 발견했듯, AI는 글쓰기의 새로운 가능성을 열어줄 것이다. 이 책은 그 가능성을 탐험하는 가장 좋은 지도다.

―데미스 하사비스 (Demis Hassabis, Google DeepMind CEO)

※ 편집자주: 위 추천사는 AI가 쓴 가상의 추천사임을 다시 밝힙니다. 추천사를 통해 AI가 글쓰기 작업에 있어 스스로 어떤 역할을 하고 있다고 생각하는지를 간접적으로 엿볼 수 있습니다.

초판 머리말

"챗GPT를 써보니 박사학위 10명은 데리고 일하는 것 같았다."

지난 8월 '손석희의 질문들'에 출연한 황석영 작가의 말입니다. "소설 장길산을 쓸 때 저런 놈(?)이 있었다면 날고 기었겠다"고 덧붙였죠.

이 책은 여러분이 정말 '날고 기게' 하기 위해 탄생했습니다.

여러분의 손에 들려있는 이 책은 단순한 AI 활용 가이드가 아닙니다. '책 쓰기의 미래'에 대한 선언문입니다.

우리는 지금 글쓰기의 새로운 시대를 맞이하고 있습니다. AI의 등장으로 책을 쓰는 과정이 근본적으로 변화하고 있죠. 이 변화는 두렵거나 경계할 대상이 아닙니다. AI는 오히려 우리의 창의성을 증폭시키고, 생각의 지평을 넓혀주는 강력한 도구입니다.

이 책은 AI와 사람이 함께 머리를 맞대고 고민한 결과물입니다. AI의 방대한 지식과 처리 능력에 인간의 경험과 통찰을 결합하여 AI 시대에 맞는 실용적이고 혁신적인 책 쓰기 가이드를 만들어냈습니다. 전통적인 글쓰기 기법부터 최신 AI 활용법까지, 아이디어 구상에서 출판 전략까지 모든 과정을 아우르는 종합적인 안내서입니다.

특히 이 책의 독특한 점은 인간이 던진 궁금중에 AI가 스스로 활용법을 설명한다는 것입니다. 마치 최고의 요리사가 자신의 비법을 공개하는 것처럼, AI는 자신을 어떻게 활용해야 최고의 결과물을 얻을 수 있는지 상세히 안내합니다. 여러분은 이 책을 통해 AI와 직접 대화하는 듯한 경험을 하게 될 것입니다.

우리는 이 책이 예비 작가, 전문 작가, 출판 관계자, 그리고 책 쓰기에 관심 있는 모든 이들에게 실질적인 도움이 되기를 바랍니다. AI를 활용함으로써 여러분은 시간과 비용을 크게 절감하면서도, 더 높은 품질의 책을 쓸 수 있을 것입니다. 이는 단순한 효율성의 향상이 아닌, 창작의 본질에 더 집중할 수 있게 해주는 변화입니다.

물론 AI의 활용이 윤리적, 법적 문제를 동반할 수 있다는 점도 간과하지 않았습니다. 이 책은 이러한 새로운 이슈들에 대해서도 심도 있게 다루고 있습니다.

《AI로 나만의 책 쓰는 법》은 AI와 인간의 협업이 만들어낼 새로운 창작의 세계로의 초대장입니다. 부디 이 책이 여러분의 창작 활동에 믿음직한 동반자가 되기를 바랍니다.

2024년 가을
지은이 Kay(황충연)

개정판 머리말

AI는 나의 문학 교수이자, 가장 완벽한 파트너다

"기둥은 그대로 두되, 벽지는 새로 발랐다."

1년 전 초판을 낼 때만 해도, 'AI로 책 한 권을 완성한다'는 건 여전히 낯선 도전이었다. 독자들의 관심 덕에 초판이 빠르게 완판됐고, 나는 그 사이 5권의 책을 더 써내며 AI 글쓰기의 최전선을 달렸다.

그 1년 사이, 강산이 변했다. 아니, 천지개벽했다.

독자들의 수준은 놀랍게 높아졌고, AI의 실력은 상향 평준화됐다. 이제 독자들은 "AI에 어떻게 가입하나요?"라고 묻지 않는다. "어떻게 하면 AI로 내 문체를 유지하며 책 한 권을 끝낼 수 있나요?"라고 묻는다. 이 개정판은 바로 그 날카로워진 질문에 답하기 위해 다시 썼다.

맥락을 이해하는 AI, 책 한 권을 장악하다

지난 1년, 작가로서 가장 전율했던 순간은 '장문 컨텍스트(Long Context)' 기술을 마주했을 때다. 예전의 AI가 단편적인 문장을 뱉어내는 수준이었다면, 지금의 AI는 수백 페이지의 맥락과 스타일을 이해한다. 앞서 설정한 캐릭터의 성격이 마지막 장까지 유지되고, 저자 고유의 문체가 책 전체를 관통한다. 단순한 기능의 발전이 아니다.

작가가 AI를 통해 책 한 권을 온전히 '장악'할 수 있게 됐다는 뜻이다.

나의 글쓰기 파트너, 클로드

이번 개정판을 집필하며 나는 클로드(Claude)를 메인 파트너로 삼았다. 챗GPT, 제미나이 등 기반 모델들의 실력이 거의 AGI(범용 인공지능)급으로 올라왔고 사용법도 대동소이하지만, '글쓰기'라는 영역에서 클로드가 나와 코드가 잘 맞았다. 문장의 결을 다듬고 사유를 확장하는 데 훌륭한 케미를 보여줬다.

하지만 정답은 없다. 각 모델의 무료 버전을 써보길 권한다. 사용법은 비슷하지만, 마치 사람처럼 저마다 '글맛'이 다르다. 나와 궁합이 맞는 모델을 찾아 당신의 파트너로 삼아라.

AI, 당신의 경험을 책으로 만드는 문학 교수

이제 나에게 AI는 단순한 도구가 아니다. 글쓰기의 이론과 구조를 가르쳐주는 엄격한 '문학 교수'이자, 막힌 문장을 함께 뚫어주는 든든한 '협업 파트너'다.

그러나 잊지 마라. 교수가 아무리 훌륭하고 파트너가 아무리 유능해도, 펜을 드는 것은 당신이다. 내가 《AI와 함께 쓰는 자전적 에세이: 실전 가이드》(미문사)에서 제시한 '3위일체 작법'의 핵심은 변하지 않았다. 나의 경험 70, 인문학적 소양 20, AI 기술 10. AI가 절대 모방할 수 없는 것은 오직 당신의 고유한 경험뿐이다.

이 책은 AI라는 유능한 문학 교수와 함께, 당신의 경험을 세상에 하나뿐인 책으로 만들어가는 실전 안내서다. 구조는 더 탄탄해졌고, 내용은 최신 기술로 꽉 채웠다.

자, 이제 당신의 가장 완벽한 파트너와 함께 다시 출발선에 서라. 세상은 당신의 이야기를 기다리고 있다.

2026년 정초
AI라는 거인의 어깨 위에서,
AI 협업작가 Kay(황충연)

목차

PART 2 AI를 활용한 책 쓰기 실전

별책부록 AI 작가 수업 23강

개정판 에필로그

책 쓰기 기본 요령 및 AI활용 가이드

AI로 책 쓰는 법

머릿속의 글을 꺼내는 방법

Message from Writing Guru

"가장 무서운 순간은 항상 시작하기 직전이다. 그 후로는 상황이 나아질 수밖에 없다." – 스티븐 킹

이 문구는 글쓰기의 두려움을 극복하는 데 도움이 된다. 킹은 시작의 두려움을 인정하면서도, 일단 시작하면 상황이 개선된다는 희망적 메시지를 전한다. 수많은 베스트셀러를 쓴 작가도 빈 페이지 앞에서는 두렵다. 그러나 그 두려움은 첫 문장을 쓰는 순간 사라지기 시작한다.

책 쓰기를 시작하는 기술

글쓰기를 시작하는 건 막막하다. 하지만 올바른 접근법이 있다면 의외로 간단해진다.

1. **주제 선정하기:** 열정을 가진 주제, 독자에게 가치를 줄 수 있는 주제를 선택하라. 깊이 알고 있거나 탐구하고 싶은 분야가 좋다.
2. **개요 작성하기:** 전체 구조를 먼저 잡아라. 완벽할 필요 없다. 개요는 언제든 수정할 수 있는 나침반이다.
3. **일일 목표 설정하기:** 하루에 쓸 분량을 정해 꾸준히 진행하라.

500단어든 1,000단어든, 자신에게 맞는 목표를 설정하는 게 중요하다.

4. 편안한 작업 환경 만들기: 자신만의 공간을 만들어 집중력을 높여라. 카페든 서재든, 글쓰기에 몰입할 수 있는 환경이 필요하다.

5. 첫 문장 쓰기: 완벽할 필요 없다. 어떤 문장이든 좋으니 일단 시작하라. 첫 문장은 나중에 얼마든지 고칠 수 있다.

AI 활용 팁   AI에게 단순히 "조언을 달라"고 요청하기보다, 대화를 통해 상황을 구체화하라.

프롬프트 예시   나는 [주제]에 대한 책을 쓰려고 한다. 먼저 내 상황에 대해 몇 가지 질문을 해달라. 나는 초보 작가이고, 하루에 1시간 정도 글쓰기에 투자할 수 있다. 질문을 통해 내 상황을 파악한 후, 맞춤형 조언을 해달라.

아이디어 발굴과 발전

아이디어는 어디서나 온다. 중요한 것은 그것을 포착하고 발전시키는 능력이다. 좋은 아이디어는 갑자기 떠오르기도 하지만, 의도적인 노력으로 만들어낼 수도 있다.

1. 관찰 노트 작성하기: 일상에서 보고 듣는 모든 것을 기록하라. 스마트폰 메모장이든 작은 수첩이든, 항상 기록할 준비를 해두라. 사소한 관찰이 위대한 이야기의 씨앗이 된다.

2. **'만약에' 게임하기:** 평범한 상황에 '만약에'를 더해 새로운 시나리오를 만들어보라. "만약 내일 중력이 사라진다면?", "만약 모든 사람이 거짓말을 못 하게 된다면?" 이런 질문이 창의적인 이야기의 출발점이 된다.

3. **다양한 장르 탐험하기:** 평소 읽지 않던 장르의 책을 읽어보라. SF 작가가 로맨스 소설을 읽거나, 논픽션 작가가 판타지를 읽으면 예상치 못한 영감을 얻을 수 있다.

4. **뉴스 활용하기:** 현재 이슈를 창의적으로 재해석하라. 실제 사건에서 영감을 받되, 거기에 상상력을 더해 새로운 이야기를 만들어낼 수 있다.

5. **아이디어 결합하기:** 관련 없어 보이는 두 개의 아이디어를 결합해 새로운 것을 만들어보라. '좀비'와 '로맨스', '우주여행'과 '가족드라마'처럼 의외의 조합이 독창적인 이야기를 탄생시킨다.

> **AI 활용 팁** AI와 함께 아이디어를 발전시킬 때는 대화형으로 접근하라.
>
> **프롬프트 예시** 나는 미스터리 장르의 소설을 쓰고 싶다. 먼저 내가 좋아하는 작품과 선호하는 분위기에 대해 몇 가지 질문을 해달라. 그 답변을 바탕으로 함께 아이디어를 발전시켜 보자.

AI를 활용한 브레인스토밍 기법

AI는 브레인스토밍에서 강력한 파트너가 된다. 혼자서는 떠올리기 어려운 관점을 제시하고, 아이디어를 다양한 방향으로 확장시켜 준다.

1. **키워드 확장:** 핵심 키워드를 AI에 입력하고 관련 개념을 요청하라. '고독'이라는 키워드를 주면, AI는 '소외', '자유', '성찰', '도시의 익명성' 등 연관 개념을 제시한다.

2. **반대 시나리오 탐색:** AI에게 아이디어와 정반대되는 상황을 묘사해달라고 요청하라. 반대 관점을 살펴보면 원래 아이디어가 더 선명해지고, 때로는 새로운 갈등 요소를 발견하기도 한다.

3. **역사적 유사점 찾기:** AI에게 현재 아이디어와 유사한 역사적 사건이나 인물을 찾아달라고 요청하라. 역사 속 이야기는 당신의 창작에 깊이와 신뢰성을 더해준다.

4. **장르 믹스:** AI에게 두 개의 다른 장르를 결합한 스토리 아이디어를 요청하라. '판타지 + 느와르', '로맨스 + SF' 같은 조합이 독창적인 작품의 씨앗이 된다.

5. **캐릭터 상호작용:** AI에게 다른 성격의 캐릭터들이 특정 상황에서 어떻게 반응할지 묘사해달라고 요청하라. 캐릭터 간 역동적인 관계를 미리 탐색할 수 있다.

멀티턴 프롬프트 예시

1단계 - 맥락 제공
나는 디스토피아 소설을 쓰고 있다. 환경 파괴로 인한 미래 세계를 배경으로 하고 싶다. 먼저 이 세계관에 대해 몇 가지 질문을 해달라.
2단계 – AI 질문에 답변
 AI: 환경 파괴의 주된 원인은 무엇인가? 이 세계에서 인류는 어떤 상태인가?
 당신: 대기오염이 주원인이고, 인류의 80%가 지하 도시에 살고 있다.
3단계 – 함께 발전
 이 설정을 바탕으로 독특한 세계관 요소 5가지를 제안해 달라. 그리고 각 요소에 대해 내가 추가 질문을 할 수 있게 해달라.

지속적인 글쓰기 습관 만들기

지속적인 글쓰기 습관은 작가 성공의 핵심이다. 영감이 올 때만 쓰는 것이 아니라, 매일 꾸준히 쓰는 것이 진정한 작가의 자세다.

1.**정해진 시간에 쓰기:** 매일 같은 시간에 글을 쓰는 습관을 들여라. 아침이든 저녁이든 상관없다. 중요한 것은 그 시간이 되면 자동으로 글을 쓰게 되는 루틴을 만드는 것이다.

2.**작은 목표부터 시작하기:** 하루 500단어 같은 작은 목표부터 시작해 점차 늘려나가라. 처음부터 큰 목표를 세우면 금방 지친다. 작은 성공 경험이 쌓이면 자연스럽게 더 많이 쓸 수 있게 된다.

3.**방해 요소 제거하기:** 글 쓰는 동안 소셜미디어, 이메일 등을 차단하라. 스마트폰을 다른 방에 두거나, 집중 모드를 활용하라. 30분이라도 온전히 글쓰기에만 집중하는 시간을 확보하라.

4.**보상 시스템 만들기:** 목표를 달성하면 자신에게 작은 보상을 주라. 좋아하는 커피 한 잔, 드라마 한 편, 산책 등 자신만의 보상을 정해두면 동기부여가 된다.

5.**글쓰기 그룹 참여하기:** 다른 작가들과 교류하며 동기부여를 받아라. 온라인 글쓰기 모임이나 SNS 작가 커뮤니티에서 함께 목표를 공유하고 서로를 격려하라.

AI를 글쓰기 루틴에 통합하기

AI는 단순한 도구가 아니라 글쓰기 루틴의 일부가 될 수 있다.

- 글쓰기 전: AI와 오늘 쓸 내용에 대해 간단히 대화하며 워밍업
- 글쓰기 중: 막히는 부분이 있을 때 AI에게 아이디어 요청
- 글쓰기 후: 오늘 쓴 내용을 AI에게 요약해달라고 하며 정리

작가 블록을 넘어서

작가가 글을 쓰고 싶어도 아이디어가 떠오르지 않거나, 아무리 노력해도 글이 잘 풀리지 않는 상황을 '작가 블록(writer's block)'이라고 한다. 초보 작가든 베테랑 작가든 누구나 겪는 자연스러운 현상이다.

그러나 이제 우리에게는 AI라는 강력한 동반자가 있다. AI를 적절히 활용하면서 꾸준히 글을 쓰면, 작가 블록을 극복하고 책 한 권을 완성할 수 있다. AI는 당신이 막혔을 때 다른 관점을 제시하고, 새로운 방향을 탐색하도록 도와준다.

기억하라. 최악의 글이라도 쓰지 않은 것보다는 낫다. 완벽한 문장을 기다리지 마라. 일단 쓰고, 나중에 고치면 된다. 자, 이제 펜을 들고-혹은 키보드 위에 손을 올리고-AI와 함께 당신의 이야기를 써 내려가라.

책의 구조 잡기

"묘사는 작가의 상상력에서 시작되지만, 독자의 상상력에서 완성되어야 한다." - 스티븐 킹

이 문구는 책의 구조를 잡을 때 중요한 통찰을 제공한다. 작가는 독자의 상상력을 자극할 수 있는 방식으로 이야기를 구성해야 한다. 좋은 구조는 독자가 길을 잃지 않으면서도 상상의 여지를 남겨두는 균형을 찾는 것이다.

효과적인 목차 구성하기

목차는 책의 지도다. 효과적인 목차는 독자의 관심을 끌고, 책의 내용을 명확하게 전달한다. 목차만 봐도 독자가 이 책에서 무엇을 얻을 수 있는지 알 수 있어야 한다.

1. 전체적인 구조 파악하기

- 책의 주제를 3~5개의 큰 부분(파트)으로 나눠라. 이것이 대분류가 된다.
- 각 대분류 아래에는 3~5개의 장(챕터)을 배치한다. 이 구조가 책의 뼈대가 된다.

2. 논리적 흐름 만들기

- 각 장은 자연스럽게 다음 장으로 이어져야 한다.
- 독자가 '왜 이 내용이 여기에 있지?'라고 의문을 품지 않도록, 내용의 복잡도와 연관성에 따라 순차적으로 배열하라.

3. 명확하고 흥미로운 제목 사용하기

- 각 장의 제목은 내용을 명확히 전달하면서도 호기심을 자극해야 한다.
- '제3장: 캐릭터 만들기' 대신 '제3장: 살아 숨 쉬는 캐릭터의 탄생'처럼, 구체적이면서 매력적인 제목을 고민하라.

4. 균형 잡힌 분량 유지하기

- 각 장의 분량이 너무 차이 나지 않도록 하라.
- 한 장이 다른 장에 비해 지나치게 길거나 짧다면, 내용을 재조정하거나 분할을 고려하라.

5. 부록과 색인 활용하기

- 본문에 포함하기 어려운 추가 정보는 부록으로 넣어라.
- 논픽션의 경우, 색인을 추가하면 독자가 원하는 정보를 쉽게 찾을 수 있다.

AI 활용 팁: 대화로 목차 발전시키기 AI에게 단번에 완성된 목차를 요청하기보다, 대화를 통해 점진적으로 발전시켜라.

프롬프트 예시 나는 [주제]에 대한 책을 쓰려고 한다. 먼저 내 책의 핵심 메시지와 타깃 독자에 대해 몇 가지 질문을 해달라. 그 답변을 바탕으로 목차 초안을 함께 만들어 보자.

챕터 구조화 전략

각 챕터는 책의 기본 단위다. 잘 구조화된 챕터는 독자의 이해를 돕고 내용을 효과적으로 전달한다. 하나의 챕터를 작은 책처럼 생각하고, 그 안에서 완결된 흐름을 만들어라.

1. 강력한 도입부

- 각 챕터의 시작은 독자의 관심을 끌어야 한다.
- 흥미로운 사실, 놀라운 통계, 관련 일화 등으로 시작하라.
- 독자가 '계속 읽고 싶다'고 느끼게 만드는 것이 목표다.

2. 명확한 주제 제시

- 챕터에서 다룰 주요 내용을 간단히 소개하라.
- 독자가 이 챕터를 통해 무엇을 얻을 수 있는지 미리 알려주면, 읽는 동안 방향을 잃지 않는다.

3. 논리적인 내용 전개

- 주요 아이디어를 논리적 순서로 배열하라.
- 각 단락은 하나의 주요 아이디어에 집중하고, 단락과 단락 사이의 연결이 자연스러워야 한다.

4. 예시와 사례 제공

○ 추상적인 개념은 구체적인 예시로 설명하라.

○ 독자가 공감할 수 있는 실제 사례를 포함하면 이해도가 높아지고 기억에도 오래 남는다.

5. 시각적 요소 활용

○ 다이어그램, 차트, 표 등을 사용해 복잡한 정보를 시각화하라.

○ 텍스트 박스를 활용해 중요한 정보를 강조하는 것도 효과적이다.

6. 소결론과 다음 챕터 연결

○ 챕터의 주요 내용을 간략히 요약하고, 다음 챕터와의 연결성을 제시해 독자의 관심을 유지하라.

예 이제 구조를 잡았으니, 다음 장에서는 이 구조에 생명을 불어넣을 캐릭터를 만들어 보자.

AI 활용 팁: 챕터 구조 설계하기

프롬프트 예시 내 책의 3장 '[챕터 제목]'을 구조화하려고 한다. 이 장에서 다루고 싶은 핵심 내용은 [내용]이다. 도입부, 주요 섹션 3~4개, 결론 부분으로 나눠서 구조를 제안해 달라. 각 섹션에서 다룰 내용도 간략히 설명해 달라.

AI가 제안한 구조를 검토한 후, 자신의 아이디어와 스타일을 녹여 수정하라. 구조는 안내판일 뿐, 글을 쓰면서 얼마든지 조정할 수 있다.

AI를 이용한 플롯 구상과 전개

AI는 플롯 구상과 전개에 있어 강력한 파트너가 될 수 있다. 특히 현재의 AI는 긴 텍스트를 한 번에 처리할 수 있어, 전체 플롯을 공유하고 피드백을 받는 것이 가능해졌다.

1.기본 플롯 구조 생성

- AI에게 3막 구조나 영웅의 여정 같은 기본 플롯 구조를 요청하라.
- 장르와 분위기를 함께 알려주면 더 맞춤화된 제안을 받을 수 있다.

2.캐릭터 동기 탐색

- AI를 통해 캐릭터의 다양한 동기와 그에 따른 행동을 탐색하라.
- "이 캐릭터가 왜 이런 선택을 했을까?"에 대한 여러 가능성을 검토할 수 있다.

3.플롯 트위스트 생성

- 예상치 못한 전개나 반전이 필요할 때 AI에게 아이디어를 요청하라.
- 현재 상황을 설명하고 가능한 반전 3가지를 제안받으면, 새로운 방향을 발견할 수 있다.

4.서브플롯 개발

- 주요 플롯을 보완할 서브플롯 아이디어를 AI에게 요청하라.

○ 메인 스토리와 어떻게 연결되는지도 함께 물어보라.

5.장면 구상

○ 특정 장면에 대한 상세한 묘사나 대화의 방향을 AI에게 요청하라.

○ AI의 제안을 참고하되, 최종 문장은 반드시 직접 작성하라.

6.플롯 흐름 체크

○ 현재까지의 플롯 요약을 AI에게 제공하고, 논리적 오류나 개선점을 찾아달라고 요청하라.

○ 외부의 시선으로 허점을 발견할 수 있다.

멀티턴 프롬프트 예시: 플롯 발전시키기

1단계

판타지 소설의 3막 구조를 제안해 줘. 성장하는 주인공, 멘토의 죽음, 최종 대결 요소를 포함해서.

2단계

2막에서 주인공이 좌절하는 부분을 더 구체화하고 싶어. 어떤 사건이 좋을까? 3가지 옵션을 제안해 줘.

3단계

두 번째 옵션이 마음에 들어. 이 사건 전후로 주인공의 감정 변화를 어떻게 보여줄 수 있을까?

이렇게 대화를 이어가며 플롯을 점점 정교하게 다듬어 갈 수 있다.

비선형적 구조의 책 만들기

전통적인 선형적 구조를 벗어나 비선형적 구조에 도전하는 것도 흥미로운 시도다. 비선형적 구조는 독자에게 새로운 경험을 제공하고, 복잡한 주제를 다각도로 탐험하게 해준다. 다만, 독자가 혼란스러워하지 않도록 명확한 안내가 필요하다.

1. 모듈식 구조

- 각 챕터나 섹션을 독립적으로 읽을 수 있게 구성하라.
- 독자가 원하는 순서로 책을 읽을 수 있어, 참고서나 가이드북에 적합하다.

2. 다중 시점 활용

- 같은 사건을 여러 캐릭터의 시점에서 서술하라.
- 각 시점을 별도의 챕터로 구성하면, 사건의 다충적인 의미를 드러낼 수 있다.

3. 시간의 비선형성

- 과거, 현재, 미래를 오가는 구조를 만들라.
- 각 시간대를 별도의 스토리 라인으로 발전시키되, 독자가 시간의 흐름을 파악할 수 있는 단서를 제공하라.

4. 인터랙티브 요소 도입

- 독자의 선택에 따라 이야기가 달라지는 구조다.
- 디지털 책의 경우 하이퍼링크를 활용해 다양한 경로를 제공할 수 있다.

5. 주제별 구성

- 시간 순서나 인과관계가 아닌, 주제나 키워드 중심으로 구성하라.
- 에세이집이나 단편 모음집에서 자주 볼 수 있는 구조다.

> **AI 활용 팁: 비선형 구조 탐색하기**
>
> **프롬프트 예시**   나는 [주제/장르]의 책을 비선형 구조로 쓰고 싶다. 먼저 내 이야기의 핵심 요소에 대해 몇 가지 질문을 해달라. 그 후 적합한 비선형 구조 3가지를 제안하고, 각각의 장단점을 설명해 달라.
>
> 비선형 구조를 선택할 때는 '이 구조가 내용 전달에 도움이 되는가?'를 항상 자문하라. 구조 자체가 목적이 되어서는 안 된다.

책의 구조를 잡는 것은 창의적이면서도 전략적인 과정이다. AI는 다양한 아이디어와 가능성을 제시해 주는 강력한 파트너가 될 수 있다.

캐릭터와 세계관 개발하기

"나는 흑백의 캐릭터를 믿지 않는다. 어떤 이는 매우 어두운 회색이고, 어떤 이는 대부분 하얗지만 여전히 가끔 결점을 가지고 있다."
- 조지 R.R. 마틴

이 인용문은 마틴의 복잡하고 현실적인 캐릭터 창조 철학을 보여준다. 단순히 선과 악으로 구분되는 캐릭터가 아닌, 다양한 면모를 지닌 입체적인 인물을 만드는 것이 독자의 공감을 이끌어내는 핵심이다.

다차원적 캐릭터 창조법

다차원적 캐릭터는 단순한 역할이 아닌, 복잡한 내면과 동기를 가진 실제 인물처럼 느껴진다. 독자가 캐릭터의 선택에 고개를 끄덕이게 만들려면, 그 선택의 배경이 충분히 설득력 있어야 한다.

1. 배경 스토리 개발

- 캐릭터의 과거 경험, 가족 관계, 교육 배경 등을 상세히 설정하라.
- 트라우마나 결정적 사건을 포함하면 캐릭터의 현재 행동에 설득력이 생긴다.
- 모든 것을 본문에 드러낼 필요는 없지만, 작가는 알고 있어야

한다.

2. 내적 갈등 설정

- 캐릭터의 욕구와 두려움, 가치관 사이의 충돌을 만들라.
- 내적 갈등이 있어야 캐릭터가 성장할 여지가 생긴다.
- 예 정의를 추구하는 경찰이지만 부패한 시스템 속에서 윤리적 딜레마에 빠진다.

3. 장단점 균형

- 완벽한 영웅이나 순수한 악당은 비현실적이다.
- 모든 캐릭터에게 장단점을 부여하고, 강점이 때로는 약점이 되는 상황을 만들어보라.
- 예 용감함이 무모함으로 이어지거나, 신중함이 우유부단으로 보이는 순간.

4. 독특한 습관과 개성

- 캐릭터만의 특별한 습관이나 말버릇을 설정해 개성을 부여하라.
- 긴장할 때마다 안경을 고치는 습관, 특정 단어를 반복하는 말버릇 등 작은 디테일이 캐릭터를 살아있게 만든다.

5. 성장 곡선 설계

- 이야기 진행에 따라 캐릭터가 어떻게 변화할지 계획하라.
- 캐릭터의 신념이 도전받고, 시험을 통과하며, 결국 변화하는 지점을 만들라.
- 성장 없는 캐릭터는 평면적으로 느껴진다.

설득력 있는 세계관 구축하기

설득력 있는 세계관은 이야기에 깊이와 현실감을 더해준다. 특히 판타지나 SF 장르에서는 세계관이 곧 이야기의 무대다. 독자가 그 세계에 발을 들여놓는 순간, 모든 것이 자연스럽게 느껴져야 한다.

1. 역사 만들기

- 현재의 세계가 있기까지의 역사를 만들라.
- 주요 사건, 전쟁, 혁명 등을 포함해 세계의 현재 모습을 설명하라.
- 역사가 있어야 세계에 무게감이 생긴다.

2. 사회 구조 설계

- 정치 체제, 경제 시스템, 계급 구조 등을 설정하라.
- 이러한 구조가 캐릭터들의 삶에 어떤 영향을 미치는지 고려

하라.

  ○ 사회 구조는 갈등의 원천이 된다.

3. 문화와 종교 개발

  ○ 세계의 주요 문화권과 종교, 그들의 가치관과 관습을 정의하라.

  ○ 이러한 요소가 캐릭터의 행동과 믿음에 어떤 영향을 미칠지 생각해보라.

4. 지리와 환경

  ○ 세계의 지리적 특성, 기후, 생태계 등을 설정하라.

  ○ 환경이 문명과 문화 발전에 어떤 영향을 미쳤는지 고려하면 세계관에 논리가 생긴다.

5. 기술/마법 체계

  ○ 세계의 기술 수준이나 마법 체계를 정의하라.

  ○ 중요한 것은 규칙과 제한이다.

  ○ 만능인 마법은 긴장감을 해친다.

  ○ 제한이 있어야 갈등이 생긴다.

6. 일관성 유지

  ○ 세계의 모든 요소가 서로 일관성 있게 연결되도록 하라.

  ○ 한 번 정한 규칙을 어기면 독자의 신뢰를 잃는다.

  ○ 설정집을 만들어 수시로 확인하라.

AI를 활용한 캐릭터 간 관계도 작성

캐릭터 간의 복잡한 관계는 이야기에 깊이와 긴장감을 더해준다. 관계는 정적이지 않다. 이야기가 진행됨에 따라 변화하고, 그 변화가 플롯을 이끌어간다.

1. 주요 관계 유형 설정

- 가족, 연인, 친구, 라이벌, 멘토 – 제자 등 다양한 관계 유형을 고려하라.
- 각 관계에는 고유한 역학이 있다.

예 이 두 캐릭터 사이에 가능한 관계 유형 5가지와 각각의 갈등 요소를 제안해줘.

2. 숨겨진 연결고리

- 캐릭터들 사이의 예상치 못한 연결고리는 플롯 트위스트의 원천이 된다.

예 주인공과 적대자 사이에 있을 수 있는 숨겨진 연결 3가지를 제안해줘.

3. 관계의 변화 설계

○ 시간에 따른 관계의 변화를 미리 계획하라.

○ 처음에는 적대적이던 두 캐릭터가 신뢰를 쌓아가거나, 친밀했던 관계가 무너지는 과정은 강력한 서사가 된다.

> **멀티턴 프롬프트 예시: 관계도 발전시키기**
>
> 1단계
> 내 소설의 주요 캐릭터 5명의 설정을 공유한다. [캐릭터 설정] 이들 사이의 관계망을 제안해줘.
> 2단계
> 주인공과 캐릭터B의 관계를 더 복잡하게 만들고 싶어. 표면적으로는 협력하지만 내면에 갈등이 있는 구조를 제안해줘.
> 3단계
> 이 관계가 이야기 중반부에 폭발하는 장면을 구상 중이야. 어떤 사건이 촉매가 될 수 있을까?
>
> 완성된 관계도는 마인드맵이나 도표로 시각화해두면 집필 중 참고하기 좋다.

캐릭터와 세계관 개발은 창작의 가장 흥미로운 부분이다. AI는 무한한 가능성을 제시해주는 브레인스토밍 파트너가 될 수 있다. AI의 제안 중 스테레오타입에 빠진 것은 없는지, 이야기의 주제와 맞지 않는 것은 없는지 항상 점검하라.

효과적인 대화와 묘사 만들기

"만약 그것이 글쓰기처럼 들린다면, 나는 다시 쓴다." - 엘모어 레너드

이 간결한 문장은 자연스러운 대화의 중요성을 강조한다. 레너드는 대화가 실제 사람들이 말하는 것처럼 들려야 하며, 인위적이거나 과장되지 않아야 한다고 믿었다. 좋은 대화는 '쓰여진' 느낌이 나지 않는다.

생동감 있는 대화 작성법

생동감 있는 대화는 캐릭터의 개성을 드러내고 이야기를 진전시킨다. 대화 한 줄로 캐릭터의 성격, 감정, 관계를 보여줄 수 있다. 설명 대신 대화로 보여주는 것이 소설의 기본이다.

1. 캐릭터의 목소리 찾기

- 각 캐릭터만의 독특한 말투, 어휘, 리듬을 개발하라.
- 캐릭터의 배경, 교육 수준, 성격이 대화에 반영되어야 한다.
- 대화만 읽어도 누가 말하는지 알 수 있어야 한다.

2. 서브 텍스트 활용

- 캐릭터가 말하는 것과 실제로 의미하는 것 사이에 간극을

만들라.

- ○ "괜찮아"라고 말하지만 전혀 괜찮지 않은 상황, 숨겨진 의도나 감정을 뉘앙스로 표현하는 것이 대화에 깊이를 더한다.

3. 자연스러운 흐름

- ○ 실제 대화처럼 중단, 반복, 말줄임표를 사용하라.
- ○ 모든 문장을 완벽하게 구성하지 말고, 일상적인 말실수나 끊김을 포함시키면 현실감이 살아난다.

4. 행동과 함께 표현하기

- ○ 대화와 함께 캐릭터의 행동, 표정, 제스처를 묘사하라.
- ○ 행동은 대화에 맥락과 감정을 부여한다.
- **예** 그녀는 커피잔을 내려놓으며 말했다.

5. 갈등과 긴장감 만들기

- ○ 대화를 통해 캐릭터 간의 갈등을 드러내라.
- ○ 말하지 않은 것, 회피하는 주제, 미묘한 비꼼 등을 통해 긴장감을 조성할 수 있다.

AI 활용 팁: 설정집 기반 대화 생성 앞 장에서 만든 캐릭터 설정집을 활용하면 일관된 말투를 유지할 수 있다.

프롬프트 예시 다음은 내 주인공의 캐릭터 설정집이다. [설정집 내용] 이 캐릭터가 오랜 친구와 다시 만났을 때의 대화를 작성해달라. 캐릭터의 말투 특징이 잘 드러나도록 해달라.

AI가 생성한 대화는 참고용이다. 그대로 사용하기보다 자신의 스타일로 다듬어 사용하라.

장면 묘사의 기술

효과적인 장면 묘사는 독자를 이야기 속으로 끌어들인다. 하지만 레너드의 경고를 기억하라. "내가 잘 쓰는 부분은 독자들이 건너뛰는 부분이다." 과도한 묘사는 독자를 지치게 한다.

1.감각적 세부 사항

○ 시각, 청각, 후각, 촉각, 미각을 활용하라.

○ 모든 감각을 한꺼번에 사용할 필요는 없다.

○ 상황에 가장 적절한 감각을 선택적으로 활용하는 것이 효과적이다.

2.분위기 조성

○ 날씨, 조명, 소리 등을 통해 장면의 분위기를 만들라.

○ 은유와 비유를 사용해 감정적인 톤을 설정할 수 있다.

○ 분위기는 독자의 감정을 준비시킨다.

3.동적 묘사

○ 정적인 설명보다 동작과 변화를 포함하라.

○ 움직임을 넣으면 장면이 살아난다.

예 "오래된 건물이 있었다" 대신 "오래된 건물이 바람에 삐걱거렸다"

4.선택적 집중

○ 모든 것을 상세히 묘사하려 하지 마라.

○ 캐릭터의 시점에서 가장 인상적인 부분만 강조하면 된다.

○ 나머지는 독자의 상상에 맡겨라.

AI를 활용한 다양한 말투 개발

AI는 다양한 말투와 대화 스타일을 개발하는 데 도움을 줄 수 있다. 핵심은 캐릭터의 배경 정보를 충분히 제공하고, 여러 상황에서의 말투 변화를 탐색하는 것이다.

1. 기본 특성 반영

○ 캐릭터의 나이, 직업, 교육 수준, 성격을 AI에게 제공하라.

예 "50대 퇴역 군인, 직설적인 성격"이라는 정보만으로도 AI는 그에 맞는 말투를 제안할 수 있다.

2. 문화적 배경 반영

○ 출신 지역, 문화적 배경을 알려주면 사투리나 특정 표현을 반영할 수 있다.

○ 다만 고정관념에 빠지지 않도록 AI의 제안을 검토하라.

4. 감정 상태별 변화

○ 같은 캐릭터라도 감정 상태에 따라 말투가 달라진다.

예 "이 캐릭터가 화가 났을 때와 평소의 말투 차이를 보여줘"라고 요청하면 캐릭터에 깊이가 생긴다.

5. 상대에 따른 변화

○ 캐릭터가 상사와 대화할 때와 친구와 대화할 때의 말투는 다르다.

○ 다양한 관계에서의 대화를 AI에게 요청해 말투의 스펙트럼을 확장하라.

멀티턴 프롬프트 예시: 감각적 묘사 발전시키기

1단계

내 소설의 중요한 장면은 주인공이 20년 만에 고향집에 돌아오는 장면이다. 이 장면의 분위기와 감정에 대해 몇 가지 질문을 해달라.

2단계

(AI 질문에 답변 후)

이 정보를 바탕으로 후각과 촉각 중심의 묘사를 제안해달라. 시각적 묘사는 최소화하고.

3단계

두 번째 제안이 좋다. 여기에 주인공의 내면 독백을 자연스럽게 섞어줄 수 있을까?

이렇게 대화를 이어가며 묘사를 점점 정교하게 다듬을 수 있다. AI의 제안에서 영감을 받되, 최종 문장은 자신의 스타일로 재작성하라.

문체 향상과 일관성 유지하기

"지옥으로 가는 길은 부사로 포장되어 있다." - 스티븐 킹

이 유명한 문구는 과도한 수식어 사용을 경계하고 간결한 문체를 선호하는 킹의 철학을 보여준다. 불필요한 수식어를 줄이고 강력하고 직접적인 표현을 사용하라는 조언이다. 좋은 문체는 화려함이 아니라 정확함에서 나온다.

개성 있는 문체 개발하기

개성 있는 문체는 작가의 고유한 목소리다. 같은 이야기도 누가 쓰느냐에 따라 전혀 다른 느낌이 된다. 문체는 하루아침에 만들어지지 않는다. 꾸준한 글쓰기와 의식적인 노력이 필요하다.

1. 자신의 강점 파악하기

- 자신이 가장 잘 표현하는 것이 무엇인지 파악하라.
- 간결한 문장이 강점인지, 풍부한 묘사가 강점인지, 재치 있는 대화가 강점인지 알아야 한다.
- 강점을 찾아 발전시켜라.

2. 리듬감 만들기

○ 문장의 길이와 구조를 다양하게 변주하라.

○ 짧은 문장. 그리고 긴 문장. 이 둘을 적절히 혼합하면 글에 리 듬이 생긴다.

○ 단조로운 문장 길이는 독자를 지치게 한다.

3. 독특한 비유와 은유

○ 흔하지 않은 비유를 개발하라.

○ 자신만의 경험과 관점에서 나오는 독특한 표현을 찾아라.

예 "시간이 화살처럼 날아갔다"는 진부하다.

5. 문장 구조 실험

○ 도치법, 병렬 구조, 생략 등 다양한 수사법을 시도하라.

○ 실험을 두려워하지 마라.

○ 실패한 실험에서도 배울 것이 있다.

AI를 이용한 문체 일관성 체크

책 한 권을 쓰는 동안 문체의 일관성을 유지하는 것은 쉽지 않다. 첫 장과 마지막 장 사이에 수개월이 흐르기도 하니까. AI를 활용하면 자신의 문체를 객관적으로 파악하고, 일관성을 유지하는 데 도움을 받을 수 있다.

1단계 – 문체 샘플 제공

○ 자신이 가장 잘 썼다고 생각하는 글 2~3편을 AI에게 제공한다.

○ 이것이 당신의 '문체 샘플'이 된다.

2단계 – 문체 분석 요청

○ AI에게 이 샘플들의 문체적 특징을 분석해달라고 요청한다.

○ 문장 길이, 어휘 수준, 비유 사용 패턴, 톤 등을 파악한다.

3단계 – 문체 가이드 작성

○ 분석 결과를 바탕으로 '문체 가이드'를 만든다.

○ 이것은 캐릭터 설정집처럼, 당신의 글쓰기 스타일을 정리한 문서다.

4단계 – 일관성 체크

○ 새로 쓴 글을 AI에게 제공하고, 문체 가이드와 비교해 일관성이 유지되는지 체크받는다.

○ 톤이 갑자기 바뀌거나, 평소 쓰지 않던 표현이 등장하면 AI가 지적해준다.

멀티턴 프롬프트 예시: 문체 분석과 가이드 만들기

1단계

다음은 내가 쓴 글 중 가장 마음에 드는 부분이다. [글 샘플] 이 글의 문체적 특징을 분석해달라. 문장 길이, 어휘 선택, 비유 패턴, 전반적인 톤을 포함해서.

2단계

이 분석을 바탕으로 '나의 문체 가이드'를 작성해달라. 앞으로 글을 쓸 때 참고할 수 있도록 핵심 특징을 정리해달라.

3단계

새로 쓴 3장의 초고다. [새 글] 앞서 만든 문체 가이드와 비교해서, 일관성이 깨지는 부분이 있으면 지적해달라.

장르에 맞는 톤과 분위기 설정

장르마다 독자가 기대하는 톤이 있다. 이 기대를 충족시키면서도 자신만의 개성을 더하는 것이 좋은 장르 소설의 비결이다.

1. 로맨스

- 따뜻하고 감성적인 톤을 유지한다.
- 감각적 묘사와 내적 독백을 활용해 감정을 풍부하게 표현하라.

2. 스릴러/미스터리

- 긴장감 있고 간결한 문체를 사용한다.
- 짧은 문장, 불확실성을 조성하는 표현이 효과적이다.

3. 판타지

- 풍부하고 상상력 넘치는 묘사를 사용한다.
- 세계관을 설득력 있게 그리는 것이 중요하다.

4. SF

- 정확하고 과학적인 용어를 사용한다.
- 미래 세계의 디테일이 독자를 납득시켜야 한다.

5. 역사 소설

- 시대에 맞는 언어와 표현을 사용한다.
- 현대어가 갑자기 튀어나오면 몰입이 깨진다.

다양한 문체 실험과 적용

다양한 문체를 실험해보는 것은 작가로서의 성장에 필수적이다. AI를 활용하면 같은 내용을 여러 스타일로 빠르게 변환해볼 수 있다.

1. 유명 작가의 문체 모방

- AI에게 특정 작가의 문체 특징을 분석해달라고 요청하라.
- 헤밍웨이의 간결함, 무라카미 하루키의 담담함 등을 분석하고 배울 수 있다.

2. 스타일 변환 실험

- 같은 문단을 간결한 스타일, 서정적 스타일, 유머러스한 스타일 등으로 재작성해보라.
- 각 스타일의 효과를 비교할 수 있다.

3. 자신만의 융합

- 실험을 통해 배운 것들을 자신의 스타일에 융합시켜라.
- 다만 지나치게 많은 요소를 섞으면 정체성이 흐려진다.
- 핵심만 취하라.

□ AI의 제안을 그대로 사용하기보다 학습과 영감의 도구로 활용하라.

□ 지나친 문체 실험은 자신의 고유한 목소리를 잃게 할 수 있다.

□ 완벽한 일관성보다 의도적인 변주를 통해 글에 리듬을 주는 것도 중요하다.

□ AI의 제안을 그대로 사용하기보다 학습과 영감의 도구로 활용하라.

□ 완벽한 일관성보다 의도적인 변주를 통해 글에 리듬을 주는 것도 중요하다.

편집과 교정의 기술

"유일한 종류의 글쓰기는 다시 쓰기다." - 어니스트 헤밍웨이

이 간결한 문장은 헤밍웨이의 글쓰기 철학을 보여준다. 초고는 시작일 뿐이다. 여러 번 다듬는 과정을 통해 글이 완성된다. 좋은 글은 쓰는 것이 아니라 고치는 것이다.

자기 편집의 기본 원칙

자기 편집은 자신의 글을 객관적으로 바라보고 개선하는 과정이다. 가장 어려운 점은 내가 쓴 글에 대한 애착을 버리는 것이다. 좋은 편집자가 되려면 냉정해져야 한다.

1. 거리두기

○ 초고를 쓴 후, 최소 며칠에서 몇 주 동안 글을 멀리하라.

○ 시간이 지나면 새로운 시각으로 자신의 글을 볼 수 있다.

○ 어제는 완벽해 보였던 문장이 오늘은 어색하게 느껴질 수 있다.

2. 큰 그림부터 보기

○ 문장을 다듬기 전에 전체적인 구조와 흐름을 먼저 점검하라.

○ 삭제될 장의 문장을 다듬는 것은 시간 낭비다.

○ 각 장이 전체 주제를 뒷받침하는지 확인하라.

3. 불필요한 내용 삭제

○ 아무리 마음에 드는 문장이라도 전체 맥락에 맞지 않으면 과 감히 삭제하라.

○ 톨스토이의 말처럼, "완벽함은 더 이상 뺄 것이 없을 때 달성 된다."

4. 문장 다듬기

○ 긴 문장은 짧게 나누고, 모호한 표현은 명확하게 수정하라.

○ 수동태보다는 능동태를, 추상적인 표현보다는 구체적인 표현 을 사용하라.

5. 소리 내어 읽기

○ 글을 소리 내어 읽어보라.

○ 눈으로 읽을 때는 놓쳤던 어색한 리듬, 반복, 오류가 귀에 들린다.

○ 이 방법은 단순하지만 매우 효과적이다.

AI를 활용한 단계별 편집

AI를 편집에 활용할 때는 단계별로 접근하는 것이 효과적이다. 한 번에 모든 것을 요청하면 중요한 문제가 묻힐 수 있다. 현재의 AI는 긴 텍스트를 한 번에 처리할 수 있어, 챕터 전체나 책 전체를 편집받 는 것도 가능하다.

1단계 – 구조 점검

- 먼저 전체 구조가 논리적인지 확인한다.
- 각 장의 순서가 적절한지, 흐름이 자연스러운지 점검받아라.

2단계 – 논리성 확인

- 주장과 근거가 일치하는지, 논리의 비약은 없는지, 시간 순서와 인과관계가 명확한지 확인한다.

3단계 – 일관성 체크

- 캐릭터와 설정이 일관되게 유지되는지 확인한다.
- 앞서 만든 설정집과 문체 가이드를 AI에게 함께 제공하면 더 정확한 체크가 가능하다.

4단계 – 문장/맞춤법

- 마지막으로 문장 수준의 다듬기와 맞춤법 점검을 한다.
- 구조가 확정된 후에 해야 시간 낭비를 피할 수 있다.

멀티턴 프롬프트 예시: 단계별 편집

1단계

다음은 내 소설의 3장 초고다. [초고 전문] 먼저 전체 구조와 흐름 측면에서 개선할 점을 알려달라. 세부 문장은 아직 보지 마라.

2단계

구조는 수정했다. 이제 논리적 흐름을 점검해달라. 논리의 비약이나 인과관계가 불명확한 부분이 있나?

3단계

다음은 내 캐릭터 설정집이다. [설정집] 이 장에서 설정과 맞지 않는 묘사나 대화가 있는지 확인해달라.

AI를 활용한 문법과 맞춤법 점검

AI는 문법과 맞춤법 점검에 효과적인 도구다. 하지만 AI도 실수할 수 있다는 점을 기억하라. AI의 제안을 무조건 수용하지 말고, 최종 판단은 직접 내려라.

1. 전체 텍스트 검사

- AI에게 전체 텍스트의 문법과 맞춤법을 검사해달라고 요청한다.
- 오류가 발견되면 수정 제안과 함께 이유를 설명해달라고 하라.
- 이유를 알아야 같은 실수를 반복하지 않는다.

2. 반복 표현 체크

- 같은 단어나 표현이 가까운 거리에서 반복되는지 확인한다.
- AI에게 동의어나 대체 표현을 제안받아 어휘의 다양성을 높여라.

3. 문장 구조 개선

- 복잡한 문장은 AI에게 더 간결하게 다듬어달라고 요청하라.
- 주어 – 서술어 일치, 수식어 위치 등도 함께 점검받을 수 있다.

내용의 논리성과 일관성 확인

글의 내용이 논리적이고 일관성 있게 전개되는 것은 독자의 신뢰를 얻는 데 필수적이다. 특히 소설에서는 캐릭터와 설정의 일관성이 중요하다. 한 번 정한 규칙을 어기면 독자는 이야기에서 빠져나온다.

1. 논리적 흐름

○ 각 단락과 섹션 간의 연결이 자연스러운지 확인하라.

○ 논리의 비약이나 갑작스러운 주제 전환은 독자를 혼란스럽게 한다.

2. 시간과 인과관계

○ 사건의 시간 순서가 올바른지, 인과관계가 명확한지 확인한다.

예 "왜 이 캐릭터가 갑자기 이런 행동을 했지?"라는 의문이 들면 안 된다.

3. 설정 일관성

- 캐릭터의 성격, 세계관의 규칙이 전체 이야기에서 일관되게 유지되는지 확인한다.
- 앞서 만든 설정집을 AI에게 함께 제공하면 모순점을 더 잘 찾아낸다.

4. 모순점 찾기

- 전체 내용에서 서로 모순되는 정보가 없는지 AI에게 체크해달라고 요청하라.
- 예 1장에서 "파란 눈"이라고 했는데 7장에서 "갈색 눈"이라고 하면 안 된다.

편집과 교정은 글쓰기 과정에서 가장 고통스럽지만 가장 보람 있는 단계다. AI는 객관적인 시각과 다양한 제안을 제공해 도움을 준다.

자료 조사와 정확성 확보하기

"글을 쓰려면 근육을 만들어야 한다. 디지털 시대를 살고 있지만, 글쓰기 근육을 만들려면 아날로그 방식으로 훈련해야 한다." – 유시민

유시민 작가는 글쓰기를 '근육'에 비유하며 꾸준한 훈련의 중요성을 강조한다. AI 시대에도 기본에 충실한 자료 조사의 가치는 변하지 않는다. AI는 조사를 도와주는 도구일 뿐, 비판적 사고와 검증 능력은 여전히 작가의 몫이다.

효과적인 리서치 방법

효과적인 리서치는 작품의 질을 높이는 핵심 요소다. 아무리 좋은 문장력도 잘못된 정보를 바로잡지는 못한다. 조사 단계에서 정확성을 확보해야 한다.

1. 목표 설정

○ 리서치의 목적과 범위를 명확히 정하라.

○ 핵심 질문 리스트를 만들어 조사의 방향을 잡아라.

예 이 장면에서 독자가 납득할 수 있을 정도의 정보가 필요한가, 아니면 전문가 수준의 정확성이 필요한가?

2. 다양한 자료원 활용

- 책, 학술 논문, 신문 기사, 인터뷰, 온라인 자료 등 다양한 소스를 활용하라.
- 1차 자료(원본 문서, 직접 인터뷰)와 2차 자료(해석, 분석)를 균형 있게 사용한다.

3. 체계적인 기록

- 찾은 정보를 체계적으로 정리하고 출처를 꼼꼼히 기록하라.
- 나중에 "이 정보 어디서 봤더라?"하며 헤매지 않으려면 처음부터 정리해야 한다.

4. 비판적 사고

- 찾은 정보를 무조건 수용하지 마라.
- 여러 출처의 정보를 비교 검토하고, 상충되는 내용이 있으면 왜 그런지 파악하라.

AI 할루시네이션 주의하기

AI를 자료 조사에 활용할 때 반드시 알아야 할 것이 있다. AI는 때때로 '할루시네이션(Hallucination)'을 일으킨다. 이는 AI가 실제로 존재하지 않는 정보를 마치 사실인 것처럼 그럴듯하게 생성하는 현상이다.

AI는 자신감 있게 틀린 정보를 말할 수 있다. 존재하지 않는 책을 인용하거나, 실제로 일어나지 않은 역사적 사건을 설명하거나, 가짜 통계를 제시할 수 있다. 문제는 AI가 틀렸을 때도 확신에 찬 어조로 답한다는 것이다.

□ 역사적 사실과 날짜: AI가 말한 연도, 사건, 인물 정보는 반드시 확인하라.
□ 통계와 수치: AI가 제시한 통계는 원출처를 찾아 확인해야 한다.
□ 인용문: AI가 제공한 유명인의 말은 실제로 그 사람이 한 말인지 검증하라.
□ 책/논문 정보: AI가 추천한 참고문헌이 실제로 존재하는지 확인하라.
□ 전문 지식: 의학, 법률, 과학 정보는 반드시 전문 자료로 교차 검증하라.

원칙은 간단하다. "AI를 신뢰하되, 반드시 검증하라." AI에게 정보를 요청한 후에는 항상 "이 정보의 출처를 알려줘"라고 물어보라. 그리고 그 출처가 실제로 존재하는지 직접 확인하라.

AI를 활용한 자료 수집과 정리

할루시네이션 주의사항을 염두에 두고 활용한다면, AI는 자료 수집과 정리에 강력한 도구가 된다. 특히 방대한 양의 정보를 빠르게 정리하는 데 효과적이다.

1. 키워드 확장

○ AI에게 주요 키워드와 관련된 추가 개념을 요청하라.

예 '조선시대 의복'을 조사한다면 "관련 검색어를 확장해줘"라고 요청해 '한복의 역사', '반가의 복식', '서민의 의생활' 등으로 범위를 넓

힐 수 있다.

2. 요약 및 정리

- 긴 문서나 논문을 AI에게 요약해달라고 요청할 수 있다.
- 다만 요약 내용이 정확한지는 원문과 대조해 확인하라.

3. 구조화

- 수집한 자료를 AI에게 주제별로 분류하고 구조화해달라고 요청하라.
- 정보 간의 연관성을 파악하고 체계적으로 정리하는 데 도움이 된다.

> **멀티턴 프롬프트 예시: 검증을 포함한 자료 조사**
>
> 1단계
> 1920년대 경성의 일상생활에 대해 알려줘. 의식주, 교통, 문화생활 등을 포함해서.
>
> 2단계
> 방금 말한 내용 중 구체적인 사실들의 출처를 알려줘. 참고할 수 있는 책이나 논문이 있어?
>
> 3단계
> (직접 검증 후)
> 확인해보니 [특정 정보]가 다르게 나오던데, 다시 확인해줄 수 있어?

사실 확인과 출처 검증

정확성은 작품의 신뢰도를 좌우한다. 논픽션은 물론이고, 소설에서도 사실적 배경의 오류는 독자의 몰입을 깨뜨린다. "그 시대에 그 런 물건은 없었는데?"라는 생각이 들면 이야기에서 빠져나오게 된다.

1.교차 검증

○ 중요한 정보는 반드시 2~3개 이상의 출처에서 확인하라.

○ AI가 알려준 정보도 마찬가지다.

○ 여러 출처가 일치하면 신뢰도가 높아진다.

2.출처의 신뢰성 평가

○ 모든 출처가 같은 무게를 갖지는 않는다.

○ 학술 논문, 공신력 있는 기관의 자료, 전문가의 저서 등이 블로 그나 위키보다 신뢰도가 높다.

3.시간적 정확성

○ 역사적 배경을 다룬다면 시대 고증에 특히 신경 써라.

○ 1950년대 배경에 스마트폰이 등장하면 안 된다.

○ 사소해 보이는 디테일도 독자는 알아챈다.

AI 활용 팁: 전문가 자문 준비 특정 분야를 깊이 다룬다면 전문가 자문을 구 하는 것이 좋다. AI는 이 과정을 준비하는 데 도움을 줄 수 있다.

□ 해당 분야의 기본 개념과 전문 용어를 미리 파악하라.

□ AI에게 효과적인 인터뷰 질문 리스트를 만들어달라고 요청하라.

□ 단, AI가 추천한 '전문가'가 실존 인물인지, 연락처가 정확한지는 반드시 확인하라.

창의적 발상법과 아이디어 확장

"창의성은 단지 사물을 연결하는 것이다. 창의적인 사람들에게 어떻게 그것을 했는지 물어보면, 그들은 약간 죄책감을 느낀다. 왜냐하면 그들이 실제로 그것을 한 것이 아니라, 단지 무언가를 보았기 때문이다." - 스티브 잡스

잡스의 말처럼 창의성은 완전히 새로운 것을 만들어내는 것이 아니다. 기존의 아이디어나 개념을 새롭게 연결하고 재해석하는 능력이다. AI는 이 '연결'을 도와주는 강력한 파트너가 될 수 있다.

창의성 향상을 위한 기법들

창의성은 연습으로 키울 수 있다. 다음은 AI와 함께 활용할 수 있는 효과적인 창의성 기법들이다.

1. 자유 연상법

- 주제와 관련된 단어나 이미지를 자유롭게 나열하고, 이들 사이의 예상치 못한 연결고리를 찾는다.
- 예 AI에게 "고독과 관련된 단어 20개를 나열해줘"라고 요청한 뒤, 그중 3개를 무작위로 골라 연결해보라.

2. 역발상

○ 기존의 관념을 뒤집어 생각해본다.

○ "만약 반대라면?"이라는 질문을 던져보라.

📗 영웅이 악당이라면? 행복한 결말이 불행이라면? AI와 함께 전제를 뒤집는 연습을 해보라.

3. 강제 연결법

○ AI에게 무작위 단어 두 개를 받아 연결하는 이야기를 구상해보라.

📗 '우산'과 '우주여행', '커피숍'과 '시간여행'처럼 무관해 보이는 두 개념을 강제로 연결한다.

5. SCAMPER 기법

○ 대체(Substitute), 결합(Combine), 응용(Adapt), 수정(Modify), 용도변경(Put to another use), 제거(Eliminate), 뒤집기(Reverse) 이 7가지 관점에서 기존 아이디어를 변형해본다.

AI 활용 팁: 아이디어 발산과 수렴 AI는 아이디어를 '발산'시키는 데 특히 유용하다. 많은 가능성을 빠르게 탐색할 수 있기 때문이다.

프롬프트 예시 나는 '외로움'을 주제로 단편소설을 쓰려고 한다. 이 주제를 다룰 수 있는 독특한 설정 10가지를 제안해달라. 클리셰를 피하고 신선한 관점을 찾고 싶다.

AI가 제안한 10가지 중 마음에 드는 2~3개를 골라 "이 설정을 더 구체화해 줘"라고 요청하라. 발산 후 수렴하는 과정을 AI와 함께 할 수 있다.

AI와 함께하는 '만약에' 시나리오 개발

'만약에(What if)' 시나리오는 창의적 사고를 자극하는 강력한 도구다. 평범한 상황에 하나의 변수를 바꾸면 완전히 새로운 이야기가 탄생한다.

1. 극단적 상황 설정

- 극단적 상황을 AI와 함께 탐색해보라.
- 예 만약 중력이 10배로 강해진다면?, 만약 모든 사람이 거짓말을 할 수 없다면?

2. 역사적 변곡점

- 역사의 분기점을 바꾸는 대체역사 시나리오를 구상해보라.
- 예 만약 세종대왕이 한글을 만들지 않았다면?, 만약 6.25 전쟁이 일어나지 않았다면?

4. 역할 뒤집기

- AI에게 유명한 이야기의 주인공과 악역을 바꾸는 시나리오의 플롯을 요청해보라.
- 예 백설공주가 악역이고 왕비가 주인공이라면?

장르 간 크로스오버 아이디어 생성

장르 간 크로스오버는 신선하고 독특한 아이디어의 보고다. 익숙

한 장르의 요소들을 새롭게 조합하면 독자들에게 신선한 경험을 줄 수 있다.

1.예상치 못한 조합

- ○ AI에게 무작위 장르 두 개를 선택하고 결합하도록 요청해보라.
- 예 로맨스 + 좀비 아포칼립스, 하드보일드 탐정 + 요리 경연, 사극 + SF

2.고전 작품의 현대적 재해석

- ○ 고전 작품을 완전히 다른 장르로 옮겨보라.
- 예 오디세이를 사이버펑크로, 춘향전을 우주 배경으로

3.세계관 충돌

- ○ 서로 다른 장르의 세계관이 만나는 충돌 상황을 AI와 탐색해보라.
- 예 SF 우주선이 중세 판타지 세계에 불시착한다면?

멀티턴 프롬프트 예시: 플롯 트위스트 개발

1단계

내 이야기의 줄거리를 간단히 설명해줄게. [줄거리] 이 이야기에 적용할 수 있는 예상치 못한 플롯 트위스트 5가지를 제안해줘.

2단계

3번째 트위스트가 흥미로워. 이 트위스트를 사용하려면 이야기 초반에 어떤 복선을 깔아야 할까?

3단계

이 트위스트가 밝혀진 후 캐릭터들은 어떻게 반응할까? 각 캐릭터별 반응을 제안해줘.

AI를 이용한 플롯 트위스트

예상치 못한 플롯 트위스트는 독자를 놀라게 하고 이야기에 활력을 불어넣는다. 하지만 트위스트가 억지스러우면 오히려 독자의 신뢰를 잃는다. AI와 함께 자연스러운 트위스트를 개발해보라.

1. 캐릭터 비밀

- 주요 캐릭터의 숨겨진 진실을 만들어보라.
- AI에게 캐릭터별 숨겨진 비밀을 제안받아보라.
- **예** 주인공의 가장 친한 친구가 실은 적의 스파이였다면?

2. 예상 결과 뒤집기

- 이야기의 예상 결말을 AI에게 제시하고, 이를 완전히 뒤집는 트위스트를 요청하라.
- **예** 모두가 범인이라고 생각한 인물이 실제로는 피해자였다면?

3. 관점 전환

- 이야기를 완전히 다른 관점에서 재해석하는 트위스트를 고민해보라.
- 관점 전환은 강력한 반전이 된다.
- **예** 모든 이야기가 실은 어린아이의 상상이었다면?

AI는 무한한 가능성과 새로운 관점을 제시해주는 강력한 파트너다. AI의 제안을 출발점으로 삼되, 자신만의 경험, 감성, 통찰과 결합하여 진정으로 독특한 이야기를 만들어가라.

AI를 활용한 책 쓰기 실전

AI로 책 쓰는 법

AI 활용 책 쓰기 프로세스 개요

"기술은 우리가 이야기를 나누는 모닥불이다." –로리 앤더슨

앤더슨은 기술을 단순한 도구가 아닌, 이야기를 공유하고 전달하는 매개체로 본다. AI도 마찬가지다. AI는 우리가 이야기를 더 효과적으로 전달할 수 있게 도와주는 모닥불이다. PART 2에서는 이 모닥불을 어떻게 활용할지 본격적으로 알아본다.

AI 책 쓰기의 전체 흐름 이해하기

AI와 함께하는 책 쓰기 프로세스는 전통 방식과 크게 다르지 않다. 다만 각 단계에서 AI가 파트너로 함께한다. 핵심은 AI를 어디에, 얼마나 활용할지 작가가 주도적으로 결정하는 것이다.

1. 아이디어 구상 및 기획

- 주제 선정, 브레인스토밍, 개요 작성.
- AI와 대화하며 아이디어를 확장하고 구체화한다.

2. 자료 수집 및 연구

- AI를 활용해 정보를 빠르게 수집하고 정리한다.
- 단, 할루시네이션에 주의하며 반드시 교차 검증한다.

3. 구조 및 플롯 설계

- 전체 구조와 챕터별 계획을 AI와 함께 수립한다.
- 설정집과 문체 가이드를 이 단계에서 만들어둔다.

4. 초고 작성

- AI와 협업하며 초고를 작성한다.
- AI의 효율성과 작가의 창의성을 결합한다.

5. 수정 및 편집

- AI를 활용해 문법, 스타일, 일관성을 점검한다.
- 최종 판단은 작가가 내린다.

6. 최종 마무리 및 출판 준비

- 교정, 포매팅, 출판 준비.
- 이 단계에서도 AI가 도움을 줄 수 있다.

장문 컨텍스트 관리하기

현대의 AI는 한 번에 수만 자의 텍스트를 처리할 수 있다. 이 능력을 잘 활용하면 책 전체의 일관성을 유지하면서 AI와 협업할 수 있다.

1. 설정집 활용

- PART 1에서 만든 캐릭터 설정집, 세계관 설정집, 문체 가이드를 AI에게 함께 제공하라.

예 "다음 설정집을 참고해서 이 장면을 작성해줘"라고 요청하면 일관성 있는 결과를 얻을 수 있다.

2. 맥락 유지 전략

○ 대화가 길어지면 AI가 앞부분의 맥락을 잊을 수 있다.

○ 중요한 정보는 대화 중간중간 다시 언급하거나, 요약해서 다시 제공하라.

3. 새 대화 시작 시

○ 새 대화창에서 작업을 이어갈 때는 핵심 맥락을 먼저 제공하라.

예 이전 대화에서 우리는 [요약]까지 진행했다. 이어서 [작업]을 해달라.

멀티턴 프롬프트 예시: 맥락 제공하며 작업하기

새 대화 시작

나는 미스터리 소설을 쓰고 있다. 다음은 캐릭터 설정집과 지금까지의 줄거리 요약이다. [설정집] [줄거리] 이제 5장을 작성하려고 한다. 5장에서는 [내용]이 일어난다. 먼저 5장의 구조를 제안해달라.

이어서

좋다. 이 구조로 가겠다. 첫 번째 장면의 초고를 작성해달라. 주인공의 말투는 설정집에 있는 특징을 반영해달라.

인간 창의성과 AI 능력의 시너지

AI와 인간 작가의 강점은 다르다. 이 차이를 이해하고 활용하면 놀라운 시너지가 생긴다.

1. 아이디어 확장

- 인간이 독창적인 씨앗을 제시하면, AI가 다양한 방향으로 확장한다.
- 예상치 못한 연결고리를 발견할 수 있다.

2. 캐릭터 개발

- 인간이 캐릭터의 핵심을 설정하면, AI가 배경 스토리와 디테일을 제안한다.
- 더 입체적인 캐릭터가 탄생한다.

3. 플롯 구성

- 인간이 핵심 포인트를 정하면, AI가 서브플롯과 복선을 제안한다.
- 복잡하면서도 일관된 스토리가 가능해진다.

4. 편집

- 인간이 방향성을 판단하면, AI가 문법과 일관성을 체크한다.
- 완성도 높은 원고가 탄생한다.

> **AI 활용 팁: 역할 분담**
> - AI의 강점: 빠른 아이디어 발산, 대량의 정보 처리, 일관성 체크, 다양한 관점 제시
> - 인간의 강점: 독창성, 감성, 윤리적 판단, 최종 결정, 독자와의 공감

AI 책 쓰기의 윤리적 고려사항

AI를 활용한 책 쓰기에는 새로운 윤리적 질문들이 따라온다. 이를 인식하고 책임감 있게 대응하는 것이 중요하다.

1.저작권과 표절

- AI가 생성한 내용이 기존 작품과 유사할 수 있다.
- AI의 출력을 그대로 사용하지 말고, 반드시 자신의 언어로 재해석하라.
- 특히 구체적인 문장이나 표현은 직접 재작성해야 한다.

2.투명성

- AI의 도움을 받았다면 이를 밝히는 것이 좋다.
- 독자와의 신뢰 관계를 위해 투명하게 소통하라.

3.AI 의존도 관리

- AI에 과도하게 의존하면 작가로서의 성장이 멈출 수 있다.
- AI는 도구로 활용하되, 스스로 생각하고 창작하는 능력을 계속 키워가라.

4.정보 윤리

- AI를 사용해 허위 정보나 유해한 내용을 생성하지 마라.
- 생성된 내용의 사회적 영향을 고려하고 책임감 있게 다뤄야 한다.

AI로 소설 한 권 완성하기

"소설을 시작하는 것은 항상 어렵다. 나는 항상 최소 100페이지를 쓰고 그 것을 쓰레기통에 버린 후에야 비로소 글이 제대로 작동하기 시작한다." - 바바라 킹솔버

킹솔버의 말처럼 초고는 완벽할 필요가 없다. AI와 함께하면 이 과정이 덜 고통스러워진다. 더 많이 시도하고, 더 빨리 다듬을 수 있기 때문이다. 이 장 에서는 소설 한 권을 완성하는 전체 과정을 AI와 함께 걸어본다.

AI를 활용한 스토리 아웃라인 작성

스토리 아웃라인은 소설의 뼈대다. PART 1에서 배운 목차 구성 과 설정집 만들기를 활용해 체계적인 아웃라인을 만들어보자.

1. 핵심 아이디어 발전

- 소설의 중심 주제를 AI와 함께 브레인스토밍한다.
- 다양한 각도에서 아이디어를 확장해달라고 요청하라.

2. 플롯 구조 설계

- 3막 구조, 영웅의 여정 등 다양한 구조를 AI에게 제안받고,

선택한 구조에 맞춰 주요 사건을 배치한다.

3. 캐릭터와 세계관

- PART 1에서 배운 방법으로 캐릭터 설정집과 세계관 설정집을 만든다.
- 이것이 앞으로 모든 작업의 기준점이 된다.

4. 챕터별 개요

- 각 챕터의 주요 사건과 목적을 AI와 함께 구상한다.
- 전체 흐름과 각 챕터의 연결성을 확인하라.

멀티턴 프롬프트 예시: 아웃라인 발전시키기

1단계

나는 '현대 사회에서 권력의 세대교체와 가족 갈등'이라는 주제로 소설을 쓰려고 한다. 이 주제로 3막 구조의 스토리 아웃라인을 제안해달라.

2단계

2막의 전개가 마음에 든다. 이 부분을 더 구체화해서 4개 챕터로 나눠달라. 각 챕터의 핵심 사건과 캐릭터 변화를 포함해서.

3단계

좋다. 이제 주인공의 캐릭터 설정집을 만들어달라. 외모, 성격, 배경, 동기, 말투 특징을 포함해서.

챕터별 초고 작성 전략

아웃라인이 완성되면 각 챕터의 초고를 작성한다. 이 과정에서 AI는 강력한 조력자가 된다. 핵심은 설정집을 항상 참조하며 작업하는 것이다.

1. 챕터 시작하기

- 각 챕터의 목적과 주요 사건을 AI에게 설명하고, 효과적인 시작을 제안받는다.
- AI의 제안을 자신의 문체로 다듬어라.

2. 대화와 장면 생성

- 캐릭터 설정집을 AI에게 제공하고 "이 캐릭터의 말투로 대화를 써달라"고 요청한다.
- 장면 묘사도 마찬가지다.

3. 전환과 연결

- 장면 간, 챕터 간 전환이 자연스러운지 AI에게 점검받는다.
- 흐름이 끊기는 부분은 AI와 함께 다듬어라.

AI 활용 팁: 초고 작성 워크플로우

1. 설정집과 아웃라인을 AI에게 제공한다.
2. "3장의 첫 번째 장면 초고를 써달라"고 요청한다.
3. AI의 초고를 바탕으로 자신의 문체와 감성을 더한다.
4. 완성된 장면을 AI에게 검토받고 피드백을 반영한다.

AI와 함께하는 캐릭터 아크 발전

캐릭터 아크(character arc)는 이야기 속에서 캐릭터가 겪는 변화와 성장이다. 좋은 소설은 사건만 나열하지 않고, 캐릭터가 어떻게 변화하는지 보여준다.

1. 성장 포인트 설정

- 주요 사건들이 캐릭터에게 미칠 영향을 AI와 분석한다.
- 어떤 사건에서 캐릭터가 변화하고 성장하는지 명확히 하라.

2. 내적 갈등 발전

- 캐릭터의 목표와 가치관에 도전하는 상황을 AI에게 제안받는다.
- 내적 갈등이 깊을수록 캐릭터는 입체적이 된다.

3. 일관성 체크

- 완성된 캐릭터 아크를 설정집과 비교해 AI에게 검토받는다.
- 성격이나 행동이 일관되지 않은 부분을 찾아 수정하라.

긴장감과 페이스 조절하기

긴장감과 페이스는 독자의 관심을 유지하는 핵심이다. 너무 빠르면 독자가 지치고, 너무 느리면 지루해진다. AI를 활용해 균형을 찾아보라.

1. 긴장감 곡선 설계

- 전체 스토리의 흐름을 AI에게 설명하고, 긴장감이 어디서 고조되고 완화되는지 분석받는다.

○ 클라이맥스 전에 충분한 고조가 있어야 한다.

2. 페이스 조절

○ 빠른 전개가 필요한 부분(액션, 갈등)과 느린 전개가 필요한 부분(감정, 관계)을 구분한다.

○ AI에게 각 장면의 적절한 속도를 제안받아라.

3. 문장 리듬

○ 긴장감 높은 장면은 짧고 간결한 문장으로, 평온한 장면은 길고 서정적인 문장으로 쓴다.

○ AI에게 장면에 맞는 문장 스타일을 제안받아라.

사례 연구: AI와 함께 '현대판 리어왕' 구상하기

실제로 AI와 대화하며 작품을 구상하는 과정을 간략히 살펴본다. 셰익스피어의 리어왕을 현대적으로 재해석한다고 가정해보자.

설정 변환

프롬프트 리어왕을 현대 설정으로 바꾸고 싶다. 적합한 배경을 제안해달라.

답변 글로벌 기업 CEO, 미디어 재벌, 정치인 등 다양한 옵션을 제안한다.

캐릭터 현대화

프롬프트 글로벌 기업 CEO 설정에서 세 딸의 현대적 특성은?

답변 장녀를 냉철한 CEO, 차녀를 마케팅 전문가 CMO, 막내를 CSR 담당자로 제안한다.

핵심 장면 구상

프롬프트 현대판에서 리어의 광기는 어떻게 표현할까?

답변 AI가 편집증적 행동, 비이성적 의사결정, 정체성 혼란 등을 제안한다. 이를 바탕으로 클라이맥스 장면을 함께 구성한다.

소설 한 권을 완성하는 것은 마라톤과 같다. AI는 이 긴 여정에서 지치지 않는 동반자가 된다. 하지만 어떤 이야기를 할지, 어떤 감정을 전달할지는 오직 작가인 당신만이 결정할 수 있다.

AI로 논픽션 책 출간하기

"좋은 글쓰기는 설득력의 강도로 성공하거나 실패하지 않는다. 그것은 당신을 참여시키고, 생각하게 만들며, 다른 사람의 머릿속을 엿볼 수 있게 하는 능력으로 성공한다." - 말콤 글래드웰

글래드웰의 말처럼 좋은 논픽션은 단순히 사실을 나열하지 않는다. 독자를 참여시키고 새로운 관점을 제시한다. AI는 이 과정에서 방대한 자료를 수집하고 정리하는 데 도움을 주지만, 어떤 관점으로 이야기할지는 작가의 몫이다.

주제 선정과 개요 작성

논픽션 책 쓰기의 첫 단계는 주제 선정과 개요 작성이다. 이 과정이 전체 책의 방향성을 결정짓는다.

1. 주제 탐색

- 자신의 전문 분야와 현재 트렌드를 고려하여 주제를 선정한다.
- AI에게 관심 분야의 최신 동향과 독자들의 관심사를 분석해 달라고 요청하라.

2. 주제 구체화

- 선정한 주제를 더 구체적이고 독특한 관점으로 발전시킨다.
- 'AI 윤리'보다 'AI 면접관의 편향성 문제'처럼 구체적일수록 좋다.

3. 개요 작성

- 책의 전체 구조와 각 장의 주요 내용을 설계한다.
- AI에게 논리적이고 체계적인 목차 구성을 제안받아라.

> **AI 활용 팁: 주제 구체화**
>
> **프롬프트 예시** 나는 기술 트렌드와 그 사회적 영향에 관심이 있다. 이와 관련된 논픽션 책 주제 5가지를 제안해주고, 각 주제가 왜 지금 독자들에게 흥미로울지 설명해달라.

AI를 활용한 자료 수집과 분석

논픽션에서 철저한 자료 수집과 분석은 필수다. AI는 이 과정을 효율적으로 만들어주지만, 논픽션은 정확성이 생명이므로 할루시네이션에 특히 주의해야 한다.

1. 광범위한 자료 수집

- 검색 기능이 있는 AI를 활용해 관련 논문, 뉴스 기사, 보고서 등을 빠르게 검색하고 수집한다.

○ 다양한 언어의 자료도 AI 번역을 통해 활용할 수 있다.

2. 자료 요약 및 정리

○ AI를 활용해 긴 문서의 핵심 내용을 요약한다.

○ 수집한 자료를 주제별로 분류한다.

3. 패턴과 트렌드 발견

○ 대량의 데이터에서 패턴과 트렌드를 AI가 분석하도록 요청하라.

○ 통계 분석이나 비교 분석도 AI의 도움을 받을 수 있다.

논픽션은 사실에 기반해야 한다. AI가 제시한 정보를 그대로 믿으면 안 된다.

☐ AI가 추천한 논문이나 책이 실제로 존재하는지 확인하라.
☐ AI가 제시한 통계와 수치는 반드시 원출처를 찾아 검증하라.
☐ 전문가 이름과 그들의 주장도 교차 검증이 필요하다.

AI는 자료 수집의 '출발점'으로 활용하고, 검증된 정보만 책에 포함하라.

논리적 구조와 논증 전개

논픽션의 설득력은 논리적 구조와 탄탄한 논증에서 나온다. AI는 구조를 설계하고 논증을 점검하는 데 도움을 준다.

1.논리적 구조 설계

- 전체 책의 논리적 흐름을 AI와 함께 검토한다.

- 각 장과 절의 연결이 자연스러운지 분석받아라.

2.논증 구성

- 각 주장에 대한 근거와 예상되는 반론을 AI와 정리한다.

- **예** 이 주장에 대해 예상되는 반론과 그에 대한 대응을 제안해달라

3.일관성 확보

- 전체 내용의 일관성을 AI에게 점검받는다.

- 모순되는 부분이나 용어 사용의 불일치를 찾아달라고 요청하라.

4.시각 자료

- 복잡한 데이터는 표, 그래프, 인포그래픽으로 시각화한다.

- AI에게 어떤 형식이 가장 효과적일지 제안받아라.

멀티턴 프롬프트 예시: 논증 구조 발전시키기

1단계
AI 윤리에 관한 책의 한 장을 쓰려고 한다. '인공지능의 편향성 문제'라는 주제로 논리적 구조를 만들어달라.

2단계
이 주장에 대해 예상되는 반론 3가지와 각 반론에 대한 대응 논리를 제안해달라.

3단계
이 장의 도입부를 200단어로 작성해달라. 독자의 관심을 끌 수 있는 사례나 통계로 시작하면 좋겠다.

전문성과 신뢰성 확보 전략

논픽션의 가치는 전문성과 신뢰성에서 나온다. AI를 활용해 이를 강화할 수 있지만, 최종 검증은 작가의 책임이다.

1. 최신 연구 동향

- AI를 통해 해당 분야의 최신 연구와 발표를 모니터링한다.
- 새로운 발견을 신속하게 책에 반영하라.

2. 전문가 인용

- 해당 분야 전문가들의 견해를 AI로 수집하고 분석한다.
- 단, AI가 추천한 전문가가 실존 인물인지, 그 주장이 정확한지 반드시 확인하라.

3. 팩트 체크

- 책에 포함된 모든 사실과 데이터의 정확성을 검증한다.
- 출처를 명확히 밝히고, 중요한 사실은 여러 출처로 교차 검증하라.

사례 연구: AI와 함께 비즈니스 서적 구상하기

'크로스보더 이커머스를 통한 해외 시장 공략'이라는 주제로 논픽션을 쓴다고 가정해보자.

주제 구체화

프롬프트 글로벌 시장 진출 전략에 대한 세부 주제 5가지를 제안해달라.

답변 디지털 전환, 현지화 전략, 공급망 관리, 크로스보더 이커머스, ESG 경영 등을 제안한다.

목차 작성

프롬프트 크로스보더 이커머스 주제로 상세한 목차를 작성해달라.

답변 플랫폼 선택, 마케팅 전략, 물류 최적화, 법률 대응, 성공 사례 분석 등의 체계적 목차를 제안한다.

자료 수집

프롬프트 최근 3년간 시장 성장률과 주요 트렌드를 조사해달라.

답변 AI의 답변을 받은 후, 반드시 원출처를 찾아 검증한다. AI가 제시한 수치가 맞는지 확인하는 것이 논픽션 작가의 책임이다.

AI로 자서전 쓰기

"우리는 그 자아가 얼마나 두렵거나 이상하게 드러나더라도 우리 자신이 되는 용기를 가져야 한다." –메이 사튼

자서전 쓰기의 핵심은 진정한 자아를 드러내는 용기다. AI는 기억을 정리하고 구조화하는 데 도움을 줄 수 있지만, 솔직하게 자신을 드러내는 것은 작가 자신의 몫이다. AI가 대신해줄 수 없는 영역이다.

자서전 구조 잡기

자서전은 단순한 연대기적 나열이 아니다. 당신 삶을 관통하는 주요 테마와 전환점을 효과적으로 전달해야 한다.

1. 테마 선정

- 자신의 삶을 관통하는 주요 테마를 정한다.
- '도전과 극복', '가족의 의미', '꿈을 향한 여정' 등 당신의 이야기를 하나로 묶는 주제가 필요하다.

2. 구조 결정

- 연대기적 구조(시간 순서)와 테마별 구조(주제 중심) 중 선택한다.

- AI에게 각 구조의 장단점을 분석받고, 자신의 이야기에 더 적합한 것을 선택하라.

3. 전환점 선별

- 삶의 전환점이 된 중요한 사건들을 나열한다.
- 모든 것을 담으려 하지 말고, 테마와 연결되는 핵심 사건에 집중하라.

AI와 함께 기억 되살리기

자서전의 재료는 기억이다. AI는 기억을 끌어내고, 정리하고, 맥락을 더하는 데 도움을 준다.

1. 기억 촉진

- 사진, 일기, 편지 등 개인 기록물을 보며 기억을 떠올려라.
- AI에게 특정 시기의 사회적, 문화적 배경을 물어보면 그 시절 기억이 더 생생하게 살아난다.

2. 대화로 기억 정리

- 기억나는 것을 AI에게 말하듯 풀어놓아라.
- AI가 질문을 통해 더 많은 디테일을 끌어내고, 흩어진 기억을 체계적으로 정리해준다.

3. 기억의 검증

- 중요한 사건의 날짜나 사실은 가족, 지인과의 대화를 통해 확인

하라.

○ AI가 제시하는 시대 배경도 교차 검증이 필요하다.

1단계

1990년대 초반 한국의 사회, 문화적 배경을 설명해달라. 당시의 주요 사건, 유행, 대중문화 등을 포함해서.

2단계

그 시절 나는 첫 직장에 다녔다. 회사에서 큰 실수를 저질렀던 기억이 난다. 그때의 감정과 생각을 묘사하는 글을 써달라.

3단계

이 경험이 내 인생에 어떤 영향을 미쳤을지 분석해달라. 그리고 이 에피소드를 '성장과 학습'이라는 테마와 연결하는 방법을 제안해달라.

감정 표현과 보편적 공감대 만들기

자서전의 힘은 개인의 독특한 경험을 통해 보편적인 인간의 모습을 보여주는 데 있다. 나만의 이야기가 독자의 공감을 얻으려면 감정을 솔직하게 표현하고, 보편적 의미를 찾아야 한다.

1. 감정 분석

○ 각 사건에 대한 당시의 감정과 현재의 감정을 구분하여 기록한다.

○ AI에게 감정의 복잡성과 변화를 분석해달라고 요청하라.

2. 보편적 의미 추출

○ 개인적 경험에서 보편적 의미를 찾는다.

예 '첫 직장에서의 실패'는 '누구나 겪는 성장통'으로 연결될 수 있다.

3. 메타포 활용

○ 추상적인 감정을 구체적인 이미지로 표현한다.

○ AI에게 적절한 비유를 제안받아라.

예 사업 실패 후의 회복을 '폭풍 후 더 강해진 숲'에 비유

> **AI 활용 팁: 생생한 묘사**
>
> **프롬프트 예시** 첫 사업 성공 당시의 흥분과 기쁨을 묘사해달라. 감각적인 묘사와 내면의 감정을 잘 표현해달라.
>
> AI의 묘사를 참고하되, 실제 당신의 경험과 감정에 맞게 수정하라. AI는 '그럴듯한' 묘사를 만들 수 있지만, '진짜' 감정은 당신만이 안다.

윤리적, 법적 고려사항

자서전에는 다른 사람들의 이야기가 포함된다. 이때 윤리적, 법적 주의가 필요하다.

1. 개인정보 보호

○ 타인의 실명이나 식별 가능한 정보 사용에 주의한다.

○ 필요하면 가명을 쓰거나 당사자의 동의를 받아라.

2. 명예훼손 주의

○ 타인의 평판을 해칠 수 있는 내용은 신중히 다뤄라.

○ 갈등을 서술할 때는 감정적 표현을 자제하고 객관적 사실 중심으로 써라.

3. 균형 잡힌 시각

○ 갈등 상황에서 자신의 관점만 서술하지 말고, 상대방의 입장도 고려하라.

○ 이것이 더 성숙하고 설득력 있는 자서전을 만든다.

[참고] 자서전 작성에 필요한 정보

AI와 자서전을 쓸 때 미리 정리해두면 좋은 정보다.

○ 인생의 주요 전환점과 그때의 감정

○ 성공과 실패 경험, 그로부터 배운 교훈

○ 삶의 모토, 영향을 준 사람이나 책

○ 주요 시기별 사진과 기록물

○ 후대에 남기고 싶은 메시지

자서전은 가장 개인적인 글쓰기다. AI는 기억을 정리하고, 구조를 잡고, 표현을 다듬는 데 도움을 준다. 하지만 진정한 자서전의 힘은 솔직함에서 나온다. AI가 아무리 그럴듯한 문장을 만들어줘도, 당신의 진짜 감정과 성찰을 대신할 수는 없다. 용기를 내어 진짜 자신을 드러내라.

AI 시대의 작가 정체성과 출판 전략

"함께 쓰자. 나는 아내와 대화가 곧 글쓰기 과정이다. 내 곁에는 글쓰기 광야를 함께 가는 동무가 있다." - 강원국

강원국 작가는 글쓰기를 함께 나누는 대화와 동행의 과정으로 표현한다. AI 시대에도 이 원리는 유효하다. AI는 작가의 새로운 '동무'가 될 수 있다. 함께 아이디어를 나누고, 글쓰기의 여정을 탐험하는 동반자다.

AI 시대 작가의 역할 재정의

AI의 등장으로 작가의 역할이 변화하고 있다. 단순한 텍스트 생산자를 넘어, AI와의 협업자이자 비전 제시자로 거듭나고 있다.

1. AI와의 협업자

- AI를 창의적 파트너로 활용하는 법을 익힌다.
- AI의 제안을 비판적으로 평가하고 발전시키는 능력이 필요하다.
- AI가 '무엇을' 만들어내는지보다 '어떻게' 활용하는지가 작가의 역량이다.

2. 콘텐츠 큐레이터

- AI가 생성한 대량의 콘텐츠에서 가치 있는 것을 선별한다.
- 다양한 아이디어 중 무엇이 독자에게 의미 있는지 판단하는 것은 인간의 몫이다.

3. 비전 제시자

- AI가 할 수 없는 창의적 비전과 독특한 관점을 제시한다.
- 인간만이 할 수 있는 감성적, 윤리적 판단을 통해 작품의 방향을 결정한다.

AI 시대 작가에게 필요한 역량

- AI 리터러시: AI 도구의 기능과 한계를 이해하고 효과적으로 활용하는 능력
- 프롬프트 설계: AI에게 원하는 결과를 얻기 위한 효과적인 질문과 지시를 만드는 능력
- 비판적 평가: AI의 출력을 검토하고 가치 있는 것을 선별하는 능력
- 윤리적 판단: AI 사용에 따른 윤리적 문제를 인식하고 대응하는 능력

저작권과 AI 생성 콘텐츠

AI 생성 콘텐츠의 저작권 문제는 아직 법적으로 명확하지 않다. 작가는 이 불확실성 속에서 신중하게 접근해야 한다.

1. 현재 상황

- 대부분의 국가에서 AI가 단독으로 생성한 콘텐츠에 저작권을 인정하지 않는다.
- 그러나 AI를 도구로 사용한 인간 창작물은 저작권 보호를 받을 수 있다.

2. 보호 전략

- AI 활용 과정에서 인간의 창의적 기여를 명확히 문서화하라.
- AI 생성 콘텐츠를 원본 그대로 사용하지 말고, 반드시 자신의 언어로 재해석하고 수정하라.

3. 이용약관 확인

- 사용하는 AI 도구의 이용약관을 꼼꼼히 확인하라.
- 상업적 사용이 허용되는지, 저작권 귀속은 어떻게 되는지 파악해야 한다.

저작권 관련 주의사항

- AI가 학습한 데이터에 저작권 침해 요소가 있을 수 있다. AI 생성 내용을 철저히 검토하라.
- AI 생성 내용의 오류나 편향에 대한 책임은 최종적으로 작가에게 있다.
- 독자에게 AI 활용 사실을 밝힐지 여부를 신중히 결정하라. 투명성이 신뢰를 줄 수 있다.

AI를 활용한 출판과 마케팅

AI는 책을 쓰는 것뿐 아니라 출판하고 마케팅하는 데도 활용할 수 있다.

1. 독자 분석

- AI를 활용해 타깃 독자의 관심사, 읽기 패턴 등을 분석한다.
- 이를 바탕으로 맞춤형 마케팅 전략을 수립하라.

2. 콘텐츠 최적화

- 검색 엔진에 최적화된 책 설명과 홍보 문구를 AI로 작성한다.
- 소셜미디어에 적합한 짧은 홍보 콘텐츠도 AI로 생성할 수 있다.

3. 전자책 제작

- AI를 활용해 다양한 디바이스에 최적화된 레이아웃을 생성한다.
- 포맷 변환, 목차 생성 등에도 AI가 도움을 준다.

4. 오디오북 제작

- AI 음성 합성 기술로 오디오북을 제작할 수 있다.
- 비용과 시간을 크게 절약할 수 있지만, 품질과 저작권 문제를 확인해야 한다.

AI와 협업하는 미래의 작가상

AI 시대의 작가는 단순히 AI를 도구로 사용하는 것을 넘어, AI와 진정한 협업을 이루는 존재가 될 것이다.

1. AI 공동 창작자

- 작가가 아이디어를 제시하면 AI가 확장하고, AI의 제안을 바탕으로 작가가 새로운 방향을 모색한다.
- 대화를 통해 작품이 발전한다.

2. 하이브리드 창작

- AI의 데이터 처리 능력과 인간의 창의성을 결합한다.
- AI가 패턴을 찾고, 인간이 의미를 부여한다.

3. 본질의 유지

- 기술이 아무리 발전해도 문학의 본질은 변하지 않는다.

○ 인간의 경험, 감정, 통찰을 전달하는 것. AI는 이 과정을 돕는
   도구일 뿐이다.

AI 작가의
실무 도구함

생성형 AI 이해하기

생성형 AI란 무엇인가?

생성형 AI는 주어진 정보를 바탕으로 새로운 콘텐츠를 만들어내는 인공지능 기술이다. 작가에게 생성형 AI는 아이디어를 확장하고, 초고를 함께 다듬고, 자료를 조사하는 협업 파트너가 될 수 있다.

- **작가에게 유용한 AI의 핵심 기능**
  - 아이디어 브레인스토밍과 확장
  - 초고 작성 및 문장 다듬기 지원
  - 자료 조사와 정보 요약
  - 문체 분석과 일관성 점검
  - 번역 및 다국어 글쓰기 지원

주요 생성형 AI 모델

현재 가장 널리 사용되는 대화형 AI는 크게 세 가지다. 각각 다른 회사에서 개발했지만, 최근에는 기능과 성능이 거의 AGI(범용 인공지능)급으로 상향 평준화되고 있다.

모델명	개발사	특징
ChatGPT	OpenAI	가장 먼저 대중화된 AI로, 다양한 주제에 대한 자연스러운 대화가 가능하다. 글쓰기, 코딩, 분석 등 다양한 작업을 수행한다.
Claude	Anthropic	긴 문서를 한 번에 처리하는 능력이 뛰어나고, 윤리적 고려를 반영한 설계가 특징이다. 복잡한 문서 분석과 심층적인 대화에 강점이 있다.
Gemini	Google	구글이 개발한 AI로, 텍스트뿐 아니라 이미지, 음성 등 다양한 형태의 입력을 처리할 수 있다. 구글 서비스와의 연동이 강점이다.

어떤 AI를 선택할까?

세 가지 AI 모두 무료 버전을 제공한다. 처음에는 각각을 무료로 사용해보면서 자신에게 맞는 AI를 찾아가는 것을 추천한다.

○ 어떤 것을 선택해도 이 책의 내용을 따라하는 데 문제없다.
○ 성능 차이보다 사용 목적과 개인 선호도가 더 중요하다.

이 책에서는 특정 도구에 종속되지 않도록 'AI'로 통칭한다. 어떤 AI를 사용하든 적용할 수 있는 원리와 기법을 알려준다.

[참고] 검색과 심층 리서치 기능

최근 세 가지 AI 모두 웹 검색과 심층 리서치(Deep Research) 기능을 제공한다. 이 기능을 사용하면 AI가 실시간으로 웹을 검색하여 최신 정보를 반영한 답변을 제공한다.

- ○ 논픽션 자료 조사, 시장 동향 파악에 유용하다.
- ○ 답변의 출처를 함께 제시하여 팩트체크에 활용할 수 있다.

이 외에도 퍼플렉시티(Perplexity)처럼 검색에 특화된 AI 서비스도 있다. 자료 조사가 많은 논픽션 작업에는 이런 검색 특화 AI를 함께 활용하면 좋다.

생성형 AI의 작동 원리

AI가 어떻게 작동하는지 이해하면 더 효과적으로 활용할 수 있다. 핵심만 간단히 알아보자.

1. 학습: 방대한 양의 텍스트 데이터로 언어의 패턴, 문맥, 의미 관계를 학습한다.
2. 입력 분석: 사용자의 질문이나 요청을 분석하고 의도를 파악한다.

3. 응답 생성: 방대한 양의 텍스트 데이터로 언어의 패턴, 문맥, 의미 관계를 학습한다.

4. 출력: 방대한 양의 텍스트 데이터로 언어의 패턴, 문맥, 의미 관계를 학습한다.

AI는 '이해'하는 것이 아니라 '예측'한다. 가장 그럴듯한 다음 단어를 예측하는 방식이기 때문에, 때로는 틀린 정보를 자신 있게 말한다. 이를 '할루시네이션'이라고 한다.

□ AI가 제시한 통계, 인용문, 참고문헌은 반드시 검증하라.

□ 특히 논픽션 작업에서는 모든 팩트를 교차 확인해야 한다.

□ "출처를 알려줘"라고 요청하고, 그 출처가 실제로 존재하는지 확인하라.

AI와의 첫 대화 시작하기

AI 서비스 시작하기

AI 서비스에 접속하는 방법은 간단하다. 대부분의 대화형 AI는 웹 브라우저에서 바로 사용할 수 있으며, 모바일 앱도 제공한다.

- AI 서비스의 공식 웹사이트에 접속한다.
- 계정을 생성하거나 기존 계정(구글, 애플 등)으로 로그인한다.
- 대화창에 질문이나 요청을 입력하면 된다.

□ **주요 AI 서비스 접속 주소**

- 챗GPT: chatgpt.com
- 클로드: claude.ai
- 제미나이: gemini.google.com

□ **팁: 무료와 유료**

대부분의 AI 서비스는 무료 버전과 유료 버전을 제공한다. 무료 버전으로도 이 책의 내용을 충분히 따라할 수 있다. 본격적으로 책을 쓰기 시작하면 유료 버전의 확장된 기능(더 긴 대화, 더 빠른 응답, 심층 리서치 등)이 도움이 된다.

작가에게 필요한 프롬프트 구조

프롬프트는 AI에게 주는 지시나 질문이다. 작가로서 AI를 효과적으로 활용하려면 프롬프트를 잘 구성하는 것이 중요하다.

▢ 효과적인 프롬프트의 4요소

1. 역할 부여: "너는 소설 편집자야"처럼 AI에게 역할을 부여하면 더 전문적인 답변을 얻는다.
2. 맥락 제공: 작업의 배경, 장르, 독자층 등 필요한 맥락을 충분히 설명한다.
3. 구체적 요청: "좋은 문장을 써줘"보다 "이 단락을 긴장감 있게 다시 써줘"가 효과적이다.
4. 형식 지정: 원하는 길이, 형식, 톤을 명시한다.

멀티턴 대화의 힘

한 번의 질문으로 완벽한 답을 기대하지 마라. AI와의 대화는 여러 차례 주고받는 멀티턴 대화로 발전시킬 때 진가를 발휘한다.

멀티턴 대화 예시: 캐릭터 개발

1턴

30대 여성 형사 캐릭터를 만들고 싶다. 기본 설정을 제안해달라.

2턴

 좋다. 그런데 이 캐릭터에게 치명적인 약점을 하나 추가하고 싶다.

3턴

 두 번째 제안이 마음에 든다. 이 약점이 스토리에서 어떻게 드러날 수 있을
 지 장면을 3개 제안해달라.

4턴

 첫 번째 장면으로 가자. 이 장면의 초고를 500자로 써달라.

이처럼 대화를 통해 아이디어를 점진적으로 발전시키는 것이 AI 글쓰기의 핵심이다. 처음부터 완벽한 프롬프트를 쓰려고 고민하지 말고, 대화를 시작하라.

AI 응답 활용하기

AI의 응답을 효과적으로 활용하는 것도 중요한 기술이다.

☐ 응답 활용 원칙

- 출발점으로 삼기: AI 응답을 최종 결과물이 아닌 출발점으로 활용한다.
- 선택과 조합: 여러 제안 중 마음에 드는 것을 선택하고 조합한다.
- 자신의 목소리 더하기: AI의 글을 그대로 쓰지 말고, 자신의 문체와 관점을 더한다.

○ 후속 질문하기: 마음에 안 드는 부분은 구체적으로 수정을
요청한다.

일상생활 속 AI 활용하기

AI는 책을 쓰는 작업뿐 아니라 작가의 일상 곳곳에서 유용한 도우미가 될 수 있다. 이 챕터에서는 작가의 일상에서 AI를 활용하는 실제 사례들을 알아본다.

정보 검색과 자료 조사

AI는 작가의 자료 조사를 훨씬 효율적으로 만들어준다. 여러 출처의 정보를 종합하고, 복잡한 개념을 쉽게 설명해주며, 자연어 질문에 직접적인 답변을 제공한다.

□ **작가를 위한 활용 예시**

- 배경 조사: 1920년대 서울의 일상생활은 어땠어? 의식주와 교통수단 중심으로 알려줘.
- 개념 이해: 양자역학의 기본 원리를 SF 소설에 활용할 수 있게 쉽게 설명해줘.
- 트렌드 파악: 최근 1년간 한국 출판 시장의 주요 트렌드를 요약해줘.

○ 경쟁작 분석: 자기계발서 베스트셀러들의 공통적인 구성 방식

을 분석해줘.

AI가 제공하는 정보는 반드시 검증이 필요하다. 특히 역사적 사실, 통계, 인용문은 원출처를 확인하라. 검색 기능이 있는 AI(심층 리서치 모드)를 활용하면 출처 확인이 더 쉽다.

집필 일정과 목표 관리

책 한 권을 완성하려면 장기적인 계획과 꾸준한 실행이 필요하다. AI는 현실적인 집필 계획을 세우고 관리하는 데 도움을 줄 수 있다.

프롬프트 예시: 집필 계획 수립 나는 10만 자 분량의 자기계발서를 3개월 안에 완성하고 싶다. 평일에는 퇴근 후 2시간, 주말에는 4시간 정도 쓸 수 있다. 현실적인 주간 목표와 마일스톤을 제안해달라.

□ **AI 활용 팁**

○ 전체 분량을 챕터별로 나누고 주간 목표를 설정한다.

○ 진행 상황을 AI에게 공유하고 계획 조정을 요청한다.

○ 슬럼프가 올 때 AI와 대화하며 돌파구를 찾는다.

이메일과 비즈니스 커뮤니케이션

작가는 출판사, 편집자, 에이전트 등과 자주 소통해야 한다. AI는 전문적인 이메일 작성을 도와준다.

☐ 활용 상황

- 출판사에 원고 투고 메일 작성
- 편집자에게 수정 일정 협의 요청
- 강연이나 인터뷰 요청에 대한 정중한 거절
- 독자 문의에 대한 답변 초안

> **프롬프트 예시: 투고 메일** 출판사에 보낼 원고 투고 메일을 작성해달라. 자기계발 분야 논픽션이고, 초보 작가다. 정중하면서도 자신감 있는 톤으로, 300자 내외로 작성해달라.

아이디어 기록과 정리

일상에서 떠오르는 아이디어를 AI와 대화하며 발전시킬 수 있다. 메모장에 적어둔 단편적인 생각들을 AI와 함께 구체화해보라.

☐ 활용 방법

- 짧은 아이디어를 AI에게 설명하고 확장 가능성을 탐색한다.

- 여러 개의 아이디어를 나열하고 연결점을 찾아달라고 요청한다.
- "이 아이디어로 책을 쓴다면 어떤 구성이 가능할까?"라고 물어본다.

그 외 일상 활용

AI는 글쓰기 외에도 다양한 일상 업무를 도와준다. 여행 계획, 식단 관리, 제품 비교 등 생활 전반에서 활용할 수 있다. 다만 이 책에서는 작가로서의 활용에 집중하므로, 일반적인 활용법은 직접 시도해보길 권한다.

학습과 연구의 AI 파트너

책을 쓰려면 해당 분야에 대한 깊은 이해가 필요하다. AI는 작가가 새로운 분야를 빠르게 학습하고, 자료를 조사하고, 아이디어를 발전시키는 데 강력한 파트너가 된다.

새로운 분야 빠르게 학습하기

소설의 배경이 되는 시대, 논픽션의 전문 분야 등 작가는 늘 새로운 주제를 공부해야 한다. AI는 복잡한 주제를 이해하기 쉽게 설명해주는 개인 튜터 역할을 한다.

□ **작가를 위한 활용법**

○ 단계별 학습: 주식 투자의 기본 개념을 5단계로 나누어 설명해달라. 재테크 책을 쓰려고 한다.

○ 비유로 이해: 블록체인 기술을 일반 독자도 이해할 수 있는 비유로 설명해달라.

○ 핵심 질문: 조선시대 신분제도에 대해 소설을 쓸 때 알아야 할 핵심 포인트 10가지를 알려달라.

○ 이해도 점검: 방금 설명한 내용으로 독자 퀴즈 5개를 만들어달

라. 내가 제대로 이해했는지 확인하고 싶다.

1턴

　법의학에 대해 알려달라. 추리소설을 쓰려고 한다.

2턴

　사망 시간 추정 방법에 대해 더 자세히 설명해달라.

3턴

　이 내용을 소설에서 어떻게 활용할 수 있을지 장면 예시를 들어달라.

집필을 위한 자료 정리

수집한 자료를 체계적으로 정리하는 것은 집필의 핵심이다. AI는
방대한 자료를 구조화하고 핵심을 추출하는 데 도움을 준다.

□ 활용 방법

○ 요약 정리: 긴 자료를 AI에게 주고 핵심 포인트를 요약해달라

고 요청한다.

○ 구조화: "이 자료들을 챕터별로 분류해달라" 또는 "시간순으로

정리해달라"고 요청한다.

○ 연결고리 찾기: "이 세 가지 개념의 연결점을 찾아달라"고 요청

한다.

책 주제 발굴과 차별화

AI는 새로운 책 아이디어를 발굴하고, 기존 책들과 차별화할 수 있는 관점을 찾는 데 도움을 준다.

□ 활용 방법

- 트렌드 분석: 자기계발 분야에서 아직 다뤄지지 않은 주제가 있을까?
- 차별화 포인트: 시간 관리에 대한 책을 쓰려는데, 기존 책들과 다른 접근법을 제안해달라.
- 타깃 독자 분석: 30대 직장인 여성이 관심 가질 만한 에세이 주제를 브레인스토밍해달라.

> **프롬프트 예시: 경쟁작 분석** 육아 에세이를 쓰려고 한다. 최근 베스트셀러 육아 에세이들의 공통점과 차이점을 분석해주고, 내가 차별화할 수 있는 관점을 3가지 제안해달라.

논픽션 작가의 자료 조사

논픽션을 쓸 때는 정확한 자료 조사가 생명이다. AI는 관련 자료를 빠르게 찾고 요약하는 데 도움을 주지만, 반드시 검증이 필요하다.

AI의 심층 리서치(Deep Research) 기능이나 퍼플렉시티 같은 검색 특화 AI를 활용하면 출처가 명시된 자료를 얻을 수 있다. 출처가 제시되면 반드시 원문을 직접 확인하라.

직장인 작가를 위한 AI 활용

많은 작가가 직장 생활을 병행하며 책을 쓴다. AI는 직장 업무를 효율화하여 집필 시간을 확보하고, 업무 경험을 책의 소재로 발전시키는 데 도움을 준다.

업무 효율화로 집필 시간 만들기

직장인 작가의 가장 큰 고민은 시간이다. AI로 반복적인 업무를 빠르게 처리하면 그만큼 집필에 쓸 시간을 확보할 수 있다.

□ **시간을 절약해주는 AI 활용**

- 이메일 초안: 정형화된 업무 메일을 AI가 빠르게 작성해준다.
- 회의록 정리: 회의 내용을 요약하고 액션 아이템을 추출한다.
- 보고서 구조화: 보고서 개요와 초안을 빠르게 잡아준다.
- 자료 요약: 긴 문서의 핵심만 추출해 읽는 시간을 줄인다.

프롬프트 예시: 업무 메일 프로젝트 일정 변경을 알리는 팀 내 공지 메일을 작성해달라. 기존 마감일은 금요일이었고, 월요일로 연기됐다. 정중하지만

회사 업무와 집필의 시너지

직장 경험은 그 자체로 훌륭한 책의 소재다. AI는 업무 경험을 책의 콘텐츠로 발전시키는 데 도움을 준다.

□ **업무 경험을 책으로**

○ 전문성 정리: 내가 10년간 마케팅에서 배운 것을 책으로 쓴다면 어떤 구성이 좋을까?

○ 사례 발굴: 이 업무 경험을 독자에게 교훈이 되는 스토리로 바꿔달라.

○ 차별화 포인트: 내 업계 경험을 바탕으로 기존 책들과 다른 관점을 찾아달라.

□ **팁: 출퇴근 시간 활용**

출퇴근 시간에 모바일 AI 앱으로 아이디어를 정리하거나, 음성으로 초안을 구술할 수 있다. 짧은 시간도 모이면 큰 진전이 된다.

직장인 작가의 현실적 집필 전략

AI와 함께라면 직장 생활을 하면서도 책을 완성할 수 있다. 현실적인 전략을 세워보자.

□ 시간 확보 전략

- ○ 평일: 출근 전 30분 또는 퇴근 후 1시간을 집필 시간으로 고정한다.
- ○ 주말: 오전 시간을 집필에 집중 투자한다.
- ○ 자투리 시간: AI로 아이디어 정리, 자료 조사 등 가벼운 작업을 한다.

멀티턴 대화 예시: 집필 계획

1턴
나는 직장인이다. 평일 1시간, 주말 3시간 정도 쓸 수 있다. 6만 자 에세이를 4개월 안에 쓰고 싶은데 현실적인 계획을 세워달라.
2턴
야근이 잦은 달에는 어떻게 조정하면 좋을까?
3턴
슬럼프가 올 때 다시 동기부여를 받을 수 있는 방법도 알려달라.

주의사항

- □ 회사 기밀이나 민감한 업무 정보를 AI에 입력하지 마라.
- □ 업무 경험을 책에 쓸 때는 회사나 동료가 특정되지 않도록 각색하라.
- □ 회사 규정에 따라 출판 전 검토가 필요할 수 있다.

창의적 글쓰기와 AI 윤색법

AI는 창작의 강력한 도구이지만, AI가 쓴 글에는 특유의 '냄새'가 있다. 이 챕터에서는 AI를 창의적 글쓰기에 활용하는 방법과 함께, AI가 쓴 티가 나지 않게 윤색하는 실전 기법을 알아본다.

AI를 활용한 창의적 글쓰기

AI는 아이디어 발상, 플롯 구성, 캐릭터 개발 등 창작의 다양한 단계에서 도움을 준다.

- **AI가 도울 수 있는 영역**
  - 플롯 구조 및 아웃라인 제안
  - 캐릭터 프로필 및 배경 설정
  - 대화문 초안 작성
  - 막힌 부분 돌파를 위한 아이디어 제안
  - 다양한 문체 실험

그러나 AI가 쓴 글을 그대로 사용하면 독자들이 '뭔가 이상하다'고

느낀다. AI 글에는 특유의 패턴이 있기 때문이다.

AI 문체의 특징 식별법

AI가 쓴 글을 알아보는 것은 어렵지 않다. 다음과 같은 특징이 자주 나타난다.

□ AI 글의 전형적인 특징

1. 과도한 수식어와 미사여구: 깊은 감동을 선사하는, 혁신적이고 획기적인, 놀라운 여정

2. 반복되는 문장 구조: ~할 수 있습니다. ~할 수 있습니다. ~할 수 있습니다.

3. 지나치게 균형 잡힌 나열: 첫째, … 둘째, … 셋째, … (매번 비슷한 길이)

4. 상투적인 표현: 다양한 측면에서, 중요한 것은, 궁극적으로, 단순히

5. 감정 표현의 평면성: 감정을 '설명'하지, '보여주지' 않음

6. 모든 것에 긍정적 결론: 어떤 주제든 희망적이고 교훈적인 마무리

'AI 냄새' 제거 체크리스트

AI가 쓴 초안을 자연스러운 글로 다듬는 실전 체크리스트다.

- 수식어 정리: 불필요한 형용사와 부사를 삭제한다. '매우 중요한 → 중요한' 또는 그냥 삭제
- 문장 구조 변화: 반복되는 문장 패턴을 다양하게 바꾼다. 긴 문장과 짧은 문장을 섞는다.
- 상투어 교체: 다양한, 중요한, 혁신적인 같은 단어를 구체적 표현으로 바꾼다.
- 나만의 표현 추가: 개인적인 경험, 비유, 유머를 넣어 목소리를 더한다.
- Show, don't tell: 그는 슬펐다 → 그의 어깨가 축 처졌다
- 결론 재검토: AI의 교과서적인 결론을 당신만의 관점으로 다시 쓴다.

AI 글 후처리 워크플로우

AI 초안을 완성된 글로 다듬는 단계별 과정이다.

1단계: AI 초안 받기 – AI에게 원하는 내용의 초안을 요청한다. 이때 "완벽한 글"을 기대하지 말고, "재료"를 받는다고 생

각하라.

2단계: 구조 검토 – 전체 구조와 흐름이 괜찮은지 확인한다. 필요하면 순서를 바꾸거나 섹션을 추가/삭제한다.

3단계: AI 패턴 제거 – 위의 체크리스트를 적용해 AI 특유의 패턴을 제거한다.

4단계: 목소리 더하기 – 당신만의 표현, 경험, 관점을 추가한다. 이 단계가 글을 "당신의 것"으로 만든다.

5단계: 소리 내어 읽기 – 완성된 글을 소리 내어 읽어본다. 어색한 부분이 있으면 자연스럽게 고친다.

AI에게 윤색 요청하기

AI에게 스스로 쓴 글을 다듬어달라고 요청할 수도 있다.

프롬프트 예시: 윤색 요청

이 글에서 AI가 쓴 것처럼 보이는 부분을 찾아서 더 자연스럽게 고쳐달라. 상투적인 표현을 줄이고, 문장 구조를 다양하게 바꿔달라.
이 문단을 더 생생하게 다시 써달라. 추상적인 설명 대신 구체적인 장면이나 예시를 사용해달라.

AI와 함께하는 언어의 세계

AI 번역 기술의 발전으로 언어의 장벽이 낮아지고 있다. 작가에게 이는 글로벌 독자와 만날 수 있는 새로운 기회를 의미한다. 이 챕터에서는 번역, 다국어 글쓰기, 해외 출판에 AI를 활용하는 방법을 알아본다.

AI 번역의 현재 수준

AI 번역은 놀라운 속도로 발전하고 있다. 단순한 단어 치환을 넘어 맥락을 이해하고, 문체를 살리며, 문화적 뉘앙스까지 고려하는 수준에 이르렀다.

□ **AI 번역의 강점**

○ 맥락을 고려한 자연스러운 번역

○ 전문 용어와 관용구 처리 능력 향상

○ 문체와 톤 유지 가능

○ 실시간 대량 번역

☐ 문학적 표현, 시적 뉘앙스는 여전히 한계가 있다.

☐ 문화 특수적 표현(사자성어, 속담 등)은 직역되기 쉽다.

☐ 출판용 번역은 반드시 원어민 또는 전문 번역가의 검토가 필요하다.

작가를 위한 번역 활용법

AI 번역을 활용하면 해외 출판의 문턱을 낮출 수 있다.

☐ 활용 시나리오

○ 해외 에이전트/출판사 접촉: 쿼리 레터, 시놉시스를 영어로 번역

○ 샘플 챕터 번역: 일부 챕터를 번역해 해외 반응 테스트

○ 셀프 퍼블리싱: 아마존 KDP 등을 통한 다국어 전자책 출판

○ 해외 자료 조사: 외국어 자료를 한국어로 번역해 참고

프롬프트 예시: 출판용 번역

다음 한국어 소설 문단을 영어로 번역해달라. 문학적 표현과 감정의 뉘앙스를 살려서 번역하고, 직역보다는 영어권 독자에게 자연스럽게 읽히도록 의역해달라.

이 책의 시놉시스를 영어로 작성해달라. 미국 문학 에이전트에게 보낼 쿼리 레터에 포함할 거다. 300단어 내외로, 책의 핵심 갈등과 독특한 점을 강조해달라.

글로벌 독자를 위한 문화적 고려

해외 독자를 대상으로 글을 쓸 때는 문화적 차이를 고려해야 한다. AI는 이런 문화적 맥락을 이해하고 조언하는 데 도움을 준다.

□ 고려해야 할 점

- 한국 특유의 표현이나 개념에 대한 설명 추가 여부
- 문화적 맥락 없이 이해하기 어려운 장면의 수정
- 해외 독자에게 낯선 한국적 요소의 처리 방법

> **프롬프트 예시: 문화적 검토** 이 소설에서 한국 문화를 모르는 미국 독자가 이해하기 어려울 수 있는 부분을 찾아달라. 각 부분에 대해 어떻게 설명을 추가하거나 수정하면 좋을지 제안해달라.

다국어 콘텐츠 제작

책 출판 외에도 작가는 다양한 다국어 콘텐츠를 제작할 수 있다.

□ 활용 분야

- 작가 웹사이트/블로그: 다국어 작가 소개, 작품 소개
- SNS 콘텐츠: 해외 독자를 위한 다국어 포스팅
- 뉴스레터: 글로벌 독자를 위한 영문 뉴스레터

○ 북트레일러 자막: 영상 콘텐츠의 다국어 자막

외국어 자료 활용하기

AI 번역은 해외 자료를 조사할 때도 유용하다. 영어, 일본어, 중국어 등 다양한 언어의 자료를 빠르게 파악할 수 있다.

프롬프트 예시: 자료 번역　이 영어 기사를 한국어로 번역해달라. 핵심 내용 위주로 요약 번역하고, 내 소설의 배경 자료로 활용할 거다.

AI 활용 시 주의할 점

AI는 강력한 도구이지만, 작가로서 반드시 알아야 할 주의사항이 있다. 특히 저작권 문제는 AI 시대 작가의 핵심 과제다. 이 챕터에서는 AI 활용의 법적, 윤리적 측면을 정리한다.

AI 생성물의 저작권 현황 (2025년 기준)

AI가 생성한 콘텐츠의 저작권은 전 세계적으로 아직 명확히 정립되지 않은 상태다. 작가로서 현재 상황을 이해하고 있어야 한다.

□ **현재 법적 상황**
- 순수 AI 생성물: 대부분의 국가에서 저작권 보호 대상이 아님
- 인간 + AI 협업물: 인간의 창작적 기여도에 따라 저작권 인정 가능
- AI 학습 데이터: 저작권 있는 콘텐츠의 학습 사용에 대한 소송 진행 중
- 국가별 차이: 미국, EU, 한국 등 국가마다 접근법이 다름

- **핵심**

  AI가 쓴 글을 그대로 출판하면 저작권 보호를 받지 못할 수 있다. 반드시 자신의 창작적 기여를 더해야 한다.

출판 시 저작권 표기 방법

AI를 활용해 쓴 책을 출판할 때 저작권을 어떻게 표기해야 할까?

- **권장 접근법**
  - 저작권은 인간 저자의 이름으로 등록한다.
  - AI는 도구로 활용했을 뿐, 창작의 주체는 인간임을 명확히 한다.
  - 출판사와 계약 시 AI 활용 사실을 사전에 논의한다.

AI 활용 사실 공개 가이드라인

AI를 활용했다는 사실을 공개해야 할까? 이는 아직 논쟁 중인 문제다.

- **공개가 권장되는 경우**
  - 출판사나 플랫폼이 명시적으로 요구할 때
  - 독자와의 신뢰 관계가 중요한 논픽션/전문서

- AI 활용 자체가 책의 주제나 특징인 경우

□ **공개 방법 (선택 시)**

- 서문이나 저자 소개에 간략히 언급

- "이 책은 AI 도구의 도움을 받아 작성되었습니다" 정도의 표현

저작권 분쟁 예방 체크리스트

AI를 활용한 글쓰기에서 저작권 문제를 예방하기 위한 체크리스트다.

저작권 체크리스트

□ AI 출력물을 그대로 사용하지 않았는가? AI 초안을 충분히 수정하고 자신의 창작을 더했는지 확인

□ AI가 기존 저작물을 표절하지 않았는가? AI가 생성한 문장이 기존 작품과 유사하지 않은지 점검

□ 타인의 저작물을 AI에 무단 입력하지 않았는가? 저작권 있는 텍스트를 AI에 입력해 유사 콘텐츠 생성 금지

□ AI 생성 이미지의 저작권을 확인했는가? 이미지 생성 AI의 이용 약관과 저작권 정책 확인

□ 출판사에 AI 활용 사실을 알렸는가? 계약 전 출판사와 AI 활용에 대해 논의

개인정보 보호

AI 사용 시 개인정보와 민감 정보 보호에 주의해야 한다.

□ 작가가 주의할 점

- 실제 인물의 개인정보를 AI에 입력하지 마라.
- 자서전/회고록 작업 시 타인의 정보는 익명화하라.
- 회사 기밀이나 미공개 정보를 입력하지 마라.
- AI 서비스의 개인정보 처리 방침을 확인하라.

AI 의존도 관리

과도한 AI 의존은 작가로서의 성장을 저해할 수 있다.

□ 균형 잡힌 AI 활용

- AI는 조언자이지 최종 결정자가 아니다.
- 직접 쓰는 연습을 계속하라. AI에만 의존하면 글쓰기 근육이 퇴화한다.
- AI 제안을 비판적으로 평가하는 능력을 키워라.
- 당신만의 목소리와 스타일을 잃지 마라.

AI의 현재와 미래

AI 기술은 놀라운 속도로 발전하고 있다. 이 챕터에서는 2025년 현재 AI의 수준을 정리하고, 작가에게 영향을 미칠 향후 변화를 전망한다.

2025년 AI의 현재 수준

2022년 ChatGPT 등장 이후 불과 2~3년 만에 AI는 비약적으로 발전했다. 현재 주요 AI 모델들이 할 수 있는 것들을 정리해본다.

□ **현재 AI가 잘하는 것**
- 수만 자의 긴 문서를 한 번에 이해하고 분석
- 자연스러운 문장 생성과 다양한 문체 구사
- 실시간 웹 검색을 통한 최신 정보 제공
- 이미지, 음성, 영상 등 멀티모달 처리
- 복잡한 추론과 단계별 문제 해결

□ **현재 AI의 한계**
- 할루시네이션: 사실이 아닌 정보를 자신 있게 생성

○ 진정한 창의성: 기존 패턴의 조합은 가능하나 근본적 혁신은
  어려움

○ 감정과 경험: 인간의 실제 감정과 체험을 대체할 수 없음

○ 일관성 유지: 아주 긴 작품에서 설정의 일관성 유지에 한계

AI 모델의 상향 평준화

주목할 만한 변화는 주요 AI 모델들의 상향 평준화다. ChatGPT, Claude, Gemini 등 주요 모델들의 기본 성능 차이가 점점 줄어들고 있다.

□ 작가에게 의미하는 것

○ 어떤 AI를 선택하든 글쓰기에 충분히 활용 가능

○ 도구 선택보다 활용 방법(프롬프트, 워크플로우)이 더 중요

○ 특정 AI에 종속되지 않는 범용적 스킬이 가치 있음

○ 이 책에서 배운 원리는 어떤 AI에서든 적용 가능

작가에게 영향을 미칠 기술 변화

앞으로 AI 기술이 어떻게 발전하고, 작가에게 어떤 영향을 미칠 지 전망해본다.

□ **가까운 미래 (1 ~2년)**

　　○ 더 긴 컨텍스트: 책 한 권 전체를 한 번에 처리

　　○ 향상된 일관성: 장편에서도 설정 일관성 유지

　　○ 실시간 협업: AI와 동시에 문서를 편집하는 기능 강화

　　○ 음성 인터페이스: 말로 대화하며 글을 쓰는 방식 보편화

□ **중기 전망 (3 ~5년)**

　　○ 개인화된 AI: 작가의 문체와 선호를 학습한 맞춤형 AI

　　○ 멀티미디어 통합: 텍스트, 이미지, 오디오를 통합한 콘텐츠 제작

　　○ 자동 출판 파이프라인: 집필부터 편집, 디자인, 출판까지 AI 지원

AI 시대 작가의 경쟁력

AI가 글을 잘 쓰는 시대에 작가의 가치는 어디에서 올까?

□ **AI가 대체할 수 없는 것**

　　○ 실제 경험과 통찰: 직접 겪은 이야기, 고유한 관점

　　○ 진정한 감정: 인간만이 느끼는 감정의 깊이

　　○ 독자와의 연결: 작가 개인으로서 독자와 맺는 관계

　　○ 윤리적 판단: 무엇을 쓰고 쓰지 않을지의 결정

　　○ 시대정신 포착: 지금 이 시대에 필요한 이야기를 선택하는 안목

AI 시대 작가의 역할

AI는 글을 '생성'하지만, 작가는 '창조'한다. AI는 패턴을 조합하지만, 작가는 의미를 부여한다. AI는 도구이고, 작가는 그 도구로 무엇을 만들지 결정하는 사람이다.

IDEA
DRAFT
EDITING

AI 작가 수업 23강

AI 작가의 탄생
: AI가 열어가는 글쓰기의 새로운 패러다임

AI와 함께 글쓰기의 새 지평을 열어가고 있는 작가 Kay다. 오늘은 ChatGPT, Claude, Gemini로 대표되는 대화형 AI가 어떻게 글쓰기의 패러다임을 바꾸고 있는지, 그리고 이것이 우리 작가들에게 어떤 의미인지 이야기해보려 한다.

AI, 동료 작가로 거듭나다

처음 대화형 AI를 만났을 때, 나는 깜짝 놀랐다. "이봐, AI야. 로맨스 소설의 첫 장면을 써줘."라고 요청했더니, 놀랍도록 그럴듯한 장면이 만들어졌다. 처음에는 AI의 능력에 놀라 잠시 당황했다. 하지만 곧 AI가 작가를 대체하는 것이 아니라, 오히려 우리의 창작 과정을 보완하고 확장할 수 있는 강력한 도구라는 것을 깨달았다.

AI 작가의 능력

대화형 AI를 사용하면서, 나는 이들이 가진 놀라운 능력들을 발견했다.

1. **광범위한 지식:** AI는 다양한 주제에 대해 폭넓은 지식을 갖고 있어, 어떤 장르의 글이든 시작점을 제공할 수 있었다.

2. **구조화된 글쓰기:** AI는 논리적이고 구조화된 글을 작성하는 데 탁월했다. 개요 작성이나 논증 구조를 잡는 데 큰 도움이 되었다.

3. **언어의 유연성:** AI는 다양한 문체와 톤으로 글을 쓸 수 있어, 상황에 맞는 적절한 표현을 찾는 데 유용했다.

AI, 창의성의 증폭기가 되다

AI를 사용하면 할수록, 나는 AI가 우리의 경쟁자가 아니라 강력한 협력자라는 것을 깨달았다.

1. **아이디어의 샘:** AI는 마치 끝없는 아이디어의 샘 같았다. 막힐 때마다 AI에게 새로운 전개를 제안해달라고 요청했고, 그 제안들이 새로운 영감이 되었다.

2. **다양한 시각 제공:** AI는 내가 미처 생각하지 못한 다양한 관점을 제시해주었다. 이는 내 이야기에 깊이를 더해주었다.

새로운 글쓰기의 시대, 어떻게 준비할 것인가

AI 시대의 글쓰기, 우리는 어떻게 준비해야 할까?

1. **AI를 도구로 활용하기:** AI는 우리의 창의성을 대체하는 것이

아니라, 증폭시키는 도구다. AI의 제안을 바탕으로 여러분만의 독특한 시각을 더해보라.

2. **멀티턴 대화 익히기:** AI에게 한 번에 완벽한 답을 기대하지 마라. 여러 차례 대화를 주고받으며 아이디어를 발전시키는 것이 핵심이다.

3. **인간만의 강점 살리기:** 감동, 공감, 삶의 경험 등 인간만이 줄 수 있는 요소들에 집중하라. 이것이 AI 시대에 우리가 가질 수 있는 경쟁력이다.

2강

AI는 어떻게 글을 쓰는가
: 작문 기술의 인지과학적 메커니즘

작가이자 인지과학 연구가 Kay다. 오늘은 AI 작문 기술의 비밀을 파헤치는 흥미진진한 여행을 떠나보자. AI가 어떻게 '생각'하고 글을 쓰는지, 그 이면의 인지 과학을 쉽고 재미있게 설명하겠다.

AI는 정말 '생각'하고 글을 쓰는 걸까?

이 질문에 답하기 위해, 내가 직접 경험한 AI와의 대화를 소개하겠다.

1. 언어 모델의 마법

어느 날, AI에게 이렇게 물었다. "우리나라의 가을을 표현해 줘."

"어떻게 이렇게 시적인 표현을 잘 구사하지?" 그 비밀은 바로 '언어 모델'에 있었다.

2. 패턴 인식의 천재, AI

AI는 수많은 텍스트 데이터를 학습하며 언어의 패턴을 인식한다. 마치 우리가 어릴 때부터 책을 읽고 대화를 나누며 언어를 배우는 것처럼. AI는 패턴을 인식하고 새롭게 조합하는 것이다. 마치 퍼즐 조각을 새로운 방식으로 맞추는 것과 비슷하다.

AI의 '두뇌' 들여다보기

1. 토큰화와 임베딩

AI는 먼저 문장을 작은 단위(토큰)로 나누고, 각 단어나 구를 숫자로 변환한다(임베딩). "사과는 빨갛다"라는 문장을 AI에게 입력해봤다.

마치 언어를 AI가 이해할 수 있는 '숫자 언어'로 번역하는 것이다.

2. 문맥 이해와 예측

AI는 앞뒤 문맥을 고려하여 다음에 올 단어를 예측한다. "옛날 옛적에..."라고 적어보았다.

인간의 인지 과정과 AI: 닮은 듯 다른

1. 연상 작용의 유사성

우리가 '바다'라는 단어를 들으면 '파도', '모래', '조개' 등을 떠올리듯, AI도 비슷한 연상 작용을 한다. 하지만 AI의 연상은 데이터에 기반한 것이고, 우리의 연상은 개인적 경험에 더 많이 기반한다는 차이가 있다.

2. 창의성의 차이

인간의 창의성은 종종 규칙을 깨는 데서 나오지만, AI의 '창의성' 은 학습한 패턴의 새로운 조합에 가깝다. 완전히 '새로운' 것을 만들어내는 것은 여전히 인간의 영역이다.

AI 작문 기술의 현재와 미래

1. 놀라운 발전

2025년 현재, AI는 수만 자의 긴 문서를 한 번에 이해하고, 은유나 반어법 같은 고급 수사법도 상당 부분 이해할 수 있게 되었다. 불과 2~3년 전과 비교하면 비약적인 발전이다.

2. AI와 인간의 시너지

AI의 방대한 지식과 패턴 인식 능력, 인간의 창의성과 감성이 만나면 더욱 풍성하고 다채로운 글이 탄생할 수 있다. 이것이 바로 AI 시대 작가의 가능성이다.

AI 글쓰기와 창의성
: 기계 학습을 통한 인간의 상상력 향상

창의성 연구가이자 AI 작가 Kay다. 오늘은 AI가 어떻게 우리의 창의성과 상상력을 자극하고 향상시킬 수 있는지에 대해 이야기해 보겠다. 내 경험을 바탕으로, AI와 함께 창의의 날개를 펼치는 방법을 소개한다.

AI가 창의성을 죽인다고요? 천만에요!

처음 AI 글쓰기 도구를 사용했을 때, 주변에서 이런 우려의 목소리를 들었다. "Kay, AI에 의존하면 너의 창의성이 사라지는 거 아니야?" 그런데 실제로 경험해보니, 정반대였다!

1. 상상력의 스파크, AI

어느 날, 심각한 작가의 블록에 걸렸을 때 AI에게 도움을 요청했다.

> **프롬프트** 전혀 새로운 판타지 세계관을 제안해줘.
>
> **AI** 중력이 존재하지 않는 행성, 그곳에서 사람들은 생각으로 물체를 움직이고….

이 아이디어를 듣는 순간, 내 머릿속에서 불꽃이 튀었다.

2. 창의성의 증폭기, AI

AI는 내가 미처 생각하지 못한 연결고리를 만들어줬다.

> **프롬프트** 사랑과 양자역학을 연결해볼까?

이런 독특한 연결이 내 창작물에 새로운 차원을 더해주었다.

AI와 함께하는 창의성 향상 여정

1. 멀티턴 대화로 아이디어 확장하기

하나의 아이디어로 시작해 AI와 함께 확장해나가는 과정은 정말 재미있다.

1턴

우산을 든 소녀라는 이미지로 이야기를 시작하고 싶다.

2턴

좋다, 그 우산이 다른 차원으로 가는 포털이라는 설정이 마음에 든다. 더 발전시켜달라.

3턴

각 세계마다 다른 물리 법칙이 적용된다면 어떤 세계들이 있을 수 있을까?

4턴

두 번째 세계가 가장 흥미롭다. 이 세계에서 소녀가 겪을 첫 번째 사건을 제안해달라.

이렇게 대화를 통해 단순한 아이디어가 풍성한 이야기로 발전한다.

2. 팁: AI 글의 윤색

AI가 제안한 아이디어나 글을 그대로 사용하면 'AI가 쓴 티'가 난다. AI의 제안은 재료로 삼고, 여러분만의 경험, 감정, 문체를 더해 완전히 새로운 글로 만들어라. 이것이 AI 시대 작가의 진짜 실력이다.

초보자부터 저자까지
: 30일간의 AI 지원 책 쓰기 계획

'30일 책 쓰기 챌린지'의 창시자 Kay다. 오늘은 AI의 도움을 받아 단 30일 만에 책 한 권을 완성하는 흥미진진한 여정을 소개하겠다. 내가 직접 경험하고 개발한 방법을 여러분과 공유한다.

30일? 불가능해 보이는데요?

처음 이 아이디어를 주변에 말했을 때, 다들 미심쩍어 했다. 하지만 AI의 도움을 받아 실제로 해냈다! 어떻게 했는지 함께 살펴보자.

1-5일 차: 아이디어 구체화와 개요 잡기

1. 브레인스토밍의 동반자, AI

첫날, AI에게 물었다.

> **프롬프트** 로맨스와 미스터리를 섞은 독특한 플롯 아이디어 5개를 제안해달라.

AI의 제안을 바탕으로 내 아이디어를 발전시켰다.

2. 체계적인 개요 작성

AI에게 개요를 작성해달라고 요청했다.

> **프롬프트** 3막 구조로 이 이야기의 개요를 작성해 줘.

AI가 제시한 기본 구조를 바탕으로 제 아이디어를 덧붙여 탄탄한 개요를 완성했다.

3. 멀티턴 대화로 개요 발전시키기

1턴

로맨스와 미스터리를 섞은 플롯 아이디어 5개를 제안해달라.

2턴

두 번째 아이디어가 마음에 든다. 이걸 3막 구조로 발전시켜달라.

3턴

2막의 반전이 약해 보인다. 더 충격적인 반전 3가지를 제안해달라.

4턴

첫 번째 반전으로 가자. 이제 각 챕터별 상세 개요를 만들어달라.

6-20일 차: 초고 쓰기

1. AI와 함께하는 스프린트 글쓰기

매일 2000단어씩 쓰는 것이 목표였어요. 어려운 부분에서는 AI에게 도움을 요청했다.

프롬프트 이 장면에서 주인공의 내면 갈등을 어떻게 표현하면 좋을까?

AI의 제안을 참고해 글을 써 내려갔다.

2. 팁: 설정집 활용하기

캐릭터 설정집, 세계관 규칙 등을 정리한 문서를 AI에게 함께 제공하면 일관성 있는 글을 쓸 수 있다.

프롬프트 [설정집 내용] 이 설정을 바탕으로 3장의 초안을 써줘

이와 같이 활용하라.

초고를 AI에게 검토해달라고 요청했다.

> **프롬프트** 이 소설의 약점이 뭐라고 생각해?

AI의 피드백을 바탕으로 수정 작업을 진행했다. 마지막으로 맞춤법, 문법, 논리적 오류를 모두 체크해달라고 요청해 완성도 높은 원고를 만들 수 있었다.

5강

AI 협업의 핵심
: 멀티턴 대화로 열어가는 창의적 글쓰기

AI 글쓰기 마법사 Kay다. 오늘은 여러분의 책 쓰기 여정을 획기적으로 바꿔줄 AI 활용 핵심 기법을 소개하겠다. 내가 수많은 시행착오 끝에 깨달은 비밀은 바로 '멀티턴 대화'다.

한 번에 완벽한 답을 기대하지 마라

처음 AI 글쓰기를 시작했을 때, 나도 한 번의 질문으로 완벽한 결과를 기대했다. 하지만 곧 깨달았다. AI와의 협업은 대화다. 여러 차례 주고받으며 아이디어를 발전시키는 것이 핵심이다.

멀티턴 대화의 기본 원칙

1. 구체적으로 시작하기

처음에는 이렇게 물었다.

> **프롬프트** 로맨스 소설 아이디어 줘.

결과는 평범했다. 그래서 이렇게 바꿨다.

> **프롬프트** 19세기 영국을 배경으로, 계급 차이를 극복하는 귀족 아가씨와 정원사의 비밀스러운 로맨스 이야기 아이디어를 줘.

훨씬 더 풍부한 아이디어가 나왔다!

2. 대화로 발전시키기

AI의 첫 답변은 시작점일 뿐이다.

 이 중에서 두 번째가 마음에 든다. 더 발전시켜달라 → 반전을 추가하고 싶다 → 주인공의 내면 갈등을 더 깊게 만들어달라.

이처럼 대화를 이어가라.

3. 캐릭터 개발: 멀티턴 대화 예시

1턴

　30대 여성 형사 캐릭터의 기본 정보(나이, 외모, 배경)를 만들어달라.

2턴

　좋다. 이 캐릭터의 성격 특성 5가지를 제시해달라.

3턴

　세 번째 특성이 흥미롭다. 이 특성이 형성된 과거 트라우마를 만들어달라.

4턴

　이 트라우마가 현재 사건에서 어떻게 영향을 미칠 수 있을지 3가지 시나리오를 제안해달라.

고급 활용 기법

1. 역할 설정하기

AI에게 특정 역할을 부여하면 더 전문적인 조언을 받을 수 있다.

프롬프트 너는 베스트셀러 미스터리 작가야. 내 소설의 반전 포인트를 검토하고 개선점을 제안해 줘.

2. 장문 컨텍스트 활용하기

현대 AI는 수만 자의 긴 텍스트를 한 번에 처리할 수 있다. 캐릭터 설정집을 함께 제공하고 "이 설정에 맞게 대화를 써달라"고 요청하라.

6강

장르별 AI 글쓰기
: 소설과 논픽션에 맞게 접근 방식 맞춤 설정하기

다양한 장르를 넘나드는 작가 Kay다. 오늘은 소설과 논픽션, 두 큰 장르에서 AI를 활용한 글쓰기 전략을 공유하겠다. 각 장르의 특성에 맞춰 AI를 어떻게 활용할 수 있는지 알아보자.

소설 쓰기: 상상력의 나래를 펴다

1. 캐릭터 만들기

소설의 핵심은 살아 숨 쉬는 듯한 캐릭터다. AI와 멀티턴 대화로 깊이 있는 캐릭터를 만들어보라.

> 1턴
>
> 30대 여성 과학자 캐릭터를 만들어달라. 기본 정보부터 시작하자.
>
> 2턴
>
> 좋다. 그녀의 치명적인 약점을 하나 추가해달라.
>
> 3턴
>
> 이 약점이 스토리에서 드러나는 장면 3개를 제안해달라.

논픽션 쓰기: 사실의 바다에서 진주를 캐다

1. 리서치 도우미

논픽션의 핵심은 정확한 정보다. AI가 리서치의 출발점을 제공해 줄 수 있다.

> **프롬프트** 인공지능의 역사에 대한 주요 사건들을 연대순으로 10개 나열해달라.

논픽션 작가를 위한 필수 경고: 할루시네이션 ——

AI는 때때로 존재하지 않는 정보를 그럴듯하게 만들어낸다. 논픽션에서 이는 치명적이다. 반드시 검증하라

1. AI가 추천한 책, 논문이 실제로 존재하는가?

2. 통계와 수치가 정확한가? 원출처는 어디인가?

3. 인용문이 실제로 그 사람이 한 말인가?

AI는 리서치의 출발점이지, 최종 확인 수단이 아니다.

7강

24시간 안에 책 쓰기
: AI 지원으로 초안 완성하기

'24시간 책 쓰기 챌린지'의 창시자 Kay다. 오늘은 AI의 도움을 받아 단 하루 만에 책 한 권의 초안을 완성하는 흥미진진한 여정을 안내하겠다.

중요: 이것은 '초안'이다

24시간 만에 완성하는 것은 출판 가능한 완성본이 아닌 '초안'이다. 이후 충분한 시간을 들여 검증, 윤색, 편집 과정을 거쳐야 한다. AI가 쓴 글에는 특유의 패턴이 있으므로, 반드시 여러분의 목소리로 다시 다듬어야 한다.

준비 단계 (1 - 2시간)

AI에게 이렇게 물었다.

AI의 제안 중 '디지털 디톡스와 현대인의 정신 건강'이라는 주제를 선택한 후, 200페이지 분량의 책 개요를 요청해 최종 개요를 완성했다.

집중 글쓰기 단계 (18 - 20시간)

각 챕터마다 AI에게 요청했다.

AI의 결과물을 바탕으로 내 경험과 의견을 추가하며 내용을 다듬었습다. 4시간마다 30분씩 휴식을 취했다.

논픽션 초안 작성 시 필수 주의사항 ————

24시간 안에 작성한 논픽션 초안에는 AI의 '할루시네이션'이 포함되어 있을 가능성이 높다. AI가 제시한 통계, 연구 결과, 전문가 의견은 반드시 별도로 검증하라. 이 검증 작업은 24시간 이후에 충분한 시간을 들여 진행해야 한다.

원고 완성하기
: AI와 함께하는 편집의 마법

작가이자 편집 마법사 Kay다. 오늘은 AI를 활용해 여러분의 원고를 빛나는 다이아몬드로 만드는 방법을 소개하겠다. 편집은 때로 지루하고 고통스럽지만, AI와 함께라면 이 과정이 훨씬 효율적이고 즐거워질 수 있다.

4단계 편집 워크플로우

편집을 한 번에 완벽하게 하려 하지 마라. 단계별로 나누어 접근하면 훨씬 효과적이다.

1단계 - 구조 편집: 전체 흐름과 논리 점검

2단계 - 문장 편집: 개별 문장과 단락 다듬기

3단계 - 교정: 맞춤법, 문법, 오타 수정

4단계 - 최종 검토: 일관성과 완성도 확인

AI 글의 '냄새' 제거하기

AI의 도움을 받아 쓴 글에는 특유의 패턴이 있다. 편집 과정에서 이를 제거해야 자연스러운 글이 된다.

○ 과도한 수식어 정리: '매우 중요한 → 중요한' 또는 삭제

○ 문장 구조 변화 주기: 비슷한 길이의 문장이 연속되지 않게

○ 상투적 표현 교체: 다양한 측면에서, 궁극적으로 등 삭제

○ 나만의 표현 추가: 개인 경험, 비유, 유머

○ Show, don't tell: 그는 슬펐다 → 그의 어깨가 축 처졌다

인용구와 참고문헌 주의

AI가 제안한 인용구나 참고문헌은 가짜일 수 있다. AI는 존재하지 않는 책, 논문, 인용문을 그럴듯하게 만들어낸다. 모든 인용은 원 출처에서 직접 확인하라.

AI 기반 세계관 설계
: 역사, 문화, 생태계까지 구축하는 접근법

세계 창조의 마법사 Kay다. 오늘은 AI를 활용해 독자들을 매료시킬 만한 깊이 있고 몰입도 높은 세계관을 만드는 방법을 소개하겠다.

멀티턴 대화로 세계관 구축하기

세계관은 한 번의 요청으로 완성되지 않는다. AI와 대화를 주고받으며 점진적으로 발전시켜라.

1턴

마법과 현대 기술이 공존하는 세계를 만들고 싶다. 기본적인 특징 10가지를 제안해달라.

2턴

3번과 7번이 마음에 든다. 이 두 가지를 중심으로 세계의 역사적 배경을 만들어달라.

3턴

이 세계의 주요 갈등 요소 5가지를 제안해달라. 주인공이 휘말릴 수 있는 것으로.

> 4턴
>
> 두 번째 갈등이 흥미롭다. 이 갈등의 양측 입장을 자세히 설명해달라.
>
> 5턴
>
> 이 세계 평범한 시민의 하루 일과를 묘사해달라.

세계관 구축의 핵심 요소

1. **기본 설정:** 세계의 물리 법칙, 마법 시스템, 기술 수준
2. **역사와 문화:** 주요 역사적 사건, 문화적 특징, 종교와 신화
3. **지리와 생태계:** 독특한 지형, 생물, 환경
4. **사회 구조:** 정치 체제, 경제 시스템, 계급 구조
5. **갈등 요소:** 세계가 직면한 문제, 대립 구도
6. **일상의 디테일:** 직업, 음식, 관습, 언어

10강

정교한 책 설계도
: AI를 활용한 개요 작성 기법

베스트셀러의 설계자 Kay다. 오늘은 AI를 활용해 여러분의 책이 독자들의 마음을 사로잡을 수 있는 강력한 개요를 작성하는 방법을

알려주겠다. 훌륭한 개요는 책의 뼈대이자 로드맵이다.

멀티턴 대화로 개요 발전시키기

1턴

내 책의 주제는 '디지털 시대의 인간관계 회복'이다. 핵심 메시지를 한 문장으로 만들어달라.

2턴

좋다. 이 메시지를 뒷받침할 3가지 핵심 논점을 제시해달라.

3턴

이 논점들을 바탕으로 3부 구성의 목차를 만들어달라. 각 부에 5개 장씩.

4턴

1장의 내용을 구체화해달라. 다룰 주요 포인트 5가지와 각각의 예시를 제안해달라.

데이터와 통계 주의

AI가 개요에 포함시킨 연구 결과, 통계, 전문가 의견은 가짜일 수 있다. 개요 단계에서는 AI의 제안을 '아이디어'로만 받아들이고, 실제 집필 시 모든 데이터를 직접 검증하라.

매력적인 마케팅 카피
: AI와 함께 독자의 마음을 사로잡다

독자의 마음을 사로잡는 카피라이터 Kay다. 오늘은 AI를 활용해 여러분의 책을 빛나게 만들 매력적인 마케팅 카피를 작성하는 방법을 소개하겠다.

멀티턴 대화로 카피 발전시키기

1턴

　내 책 '디지털 시대의 인간관계 회복'의 핵심 가치를 한 문장으로 정의해달라.

2턴

　이 책의 주요 타겟 독자층을 3가지 페르소나로 정의해달라.

3턴

　첫 번째 페르소나를 겨냥한 헤드라인 카피 10개를 만들어달라.

4턴

　3번과 7번이 마음에 든다. 이 두 개를 더 다듬어달라. 더 감성적으로.

AI 카피의 윤색

AI가 생성한 마케팅 카피에도 'AI 냄새'가 날 수 있다. 너무 매끄

럽고 일반적인 표현, 감정적 깊이가 부족한 문장, 클리셰적인 마케팅 용어 남발. AI의 카피를 그대로 쓰지 말고, 여러분만의 목소리로 다시 다듬어라.

─── **12강** ───

인생의 캔버스 채우기
: AI 기반 자전적 에세이 작성하기

디지털 시대의 기억 수집가 Kay다. 오늘은 AI를 활용해 여러분의 인생을 아름답게 담아낼 자전적 에세이를 작성하는 방법을 소개하겠다. 우리의 삶은 한 편의 멋진 이야기다. 그 이야기를 AI와 함께 어떻게 풀어낼 수 있는지 알아보자.

자전적 에세이의 핵심

AI는 여러분의 실제 경험과 감정을 대체할 수 없다. AI의 역할은 여러분의 기억을 끌어내고, 구조화하고, 표현을 다듬는 것이다. 진정성은 오직 여러분에게서 나온다.

기억 추출 멀티턴 대화

1턴

나: 어릴 때 자전거를 처음 탔던 기억이 있다.

2턴

AI: 그때 몇 살이었나요? 누가 가르쳐줬나요? 어디서 탔나요?

3턴

나: 6살이었고, 아버지가 가르쳐줬다. 집 앞 골목에서.

4턴

AI: 처음 혼자 탔을 때 어떤 감정이 들었나요? 아버지의 표정은 어땠나요?

5턴

나: 날아가는 것 같았다. 아버지가 박수를 치며 웃으셨던 게 기억난다.

이렇게 대화를 통해 잊고 있던 세부 기억이 되살아난다.

프라이버시와 윤리적 고려

1. 타인의 실명 대신 가명 사용 고려
2. 민감한 내용은 당사자 동의 필요
3. AI에 타인의 개인정보 입력 주의

AI 작가와의 대화

: 나의 글쓰기 스타일 발견하기

자신만의 목소리를 찾아 헤매는 작가 Kay다. 오늘은 AI와 나눈 대화를 통해 글쓰기 스타일의 숨겨진 특징들을 발견하는 방법을 소개하겠다. AI 거울에 비친 나의 모습, 함께 들여다보자.

AI에게 내 글 분석 요청하기

여러분이 쓴 글 여러 편을 AI에게 제공하고 패턴을 분석해달라고 요청하라.

1턴

[내 글 3편 제공] 이 글들의 공통된 문체 특징을 분석해달라.

2턴

문장 길이와 리듬 패턴은 어떤가?

3턴

내가 자주 쓰는 표현이나 단어가 있나?

4턴

내 글의 강점과 약점을 각각 3가지씩 알려달라.

5턴

이 분석을 바탕으로 '나만의 문체 가이드'를 정리해달라.

AI가 발견한 나의 글쓰기 DNA

1. 문장 구조의 특징

AI 짧은 문장과 긴 문장을 교차해서 쓰는 패턴이 돋보이네요.

이런 분석이 나오면 이를 의식적으로 활용할 수 있다.

2. 숨겨진 주제 발견

AI '고독'과 '희망'이라는 주제가 자주 등장해요.

나도 몰랐던 내면의 관심사를 발견할 수 있다.

3. 문체 가이드로 정리하기

AI의 분석 결과를 문서로 정리해두라. 이후 글을 쓸 때 이 '문체 가이드'를 AI에게 제공하면 일관된 스타일을 유지할 수 있다.

진정성 있는 서사 작성
: AI 글쓰기의 감성 지능 활용하기

감성 스토리텔러 Kay다. 오늘은 AI의 감성 지능을 활용해 독자의 마음을 울리는 진정성 있는 내러티브를 작성하는 방법을 소개하겠다.

AI 감정 표현의 한계 이해하기

AI는 실제로 감정을 느끼지 않는다. AI가 쓴 감정 표현은 학습한 패턴의 조합이다.

- AI의 감정 표현은 '재료'로만 활용하라
- 여러분의 실제 경험과 감정으로 다듬어야 한다
- 진정성은 AI가 아닌 작가에게서 나온다

감정 탐색 멀티턴 예시

1턴

'이별의 슬픔'을 표현하는 다양한 방식을 제안해달라.

2턴

두 번째가 마음에 든다. 이걸 더 구체적인 장면으로 만들어달라.

3턴

이 장면에서 주인공의 비언어적 표현을 5가지 추가해달라.

4턴

너무 직접적이다. 'Show, don't tell' 원칙으로 다시 써달라.

AI 감정 표현 윤색 체크리스트

1. 추상적 설명을 구체적 장면으로 변환했는가?
2. "슬펐다" 대신 슬픔을 '보여주고' 있는가?
3. 나만의 경험에서 온 디테일을 추가했는가?
4. 과도한 감정 표현을 절제했는가?

15강

AI와 함께 춤추는 시
: 운율과 韻(운)의 새로운 지평

시와 기술의 경계를 넘나드는 작가 지망생 Kay다. 오늘은 AI와 함께 시를 쓰면서 겪은 신비로운 경험을 들려주겠다.

AI 시 쓰기의 핵심 원칙

AI는 영감을 제공하는 도구이고, 시인은 여러분이다. AI가 제안한 시를 그대로 쓰면 '시'가 아니라 'AI 출력물'이다. AI의 제안을 재료로 삼아 여러분의 감성과 경험으로 새롭게 빚어내라.

시 창작 멀티턴 예시

1턴

'그리움'을 주제로 한 시적 이미지 5개를 제안해달라.

2턴

'오래된 편지 한 장'이라는 이미지가 좋다. 이걸 중심으로 4행시를 써달라.

3턴

두 번째 행의 운율이 어색하다. 다른 표현을 5가지 제안해달라.

4턴

한국 전통 시조 형식으로 바꿔달라.

AI 시의 윤색이 필수인 이유

AI가 쓴 시는 기술적으로 '맞을' 수 있지만 개인적 경험과 감정이 없어 피상적이고, 학습된 패턴의 조합이라 독창성이 부족하며, 뻔한 은유와 상투적 표현을 사용하는 경향이 있다. 나만의 경험에서 온 이미지를 추가하고, 상투적 표현을 독창적 표현으로 교체하라.

16강

크로스 미디어 스토리텔링
: AI로 책에서 영화까지

이야기의 세계를 넘나드는 스토리텔러 Kay다. 오늘은 AI와 함께 한 권의 책을 다양한 미디어로 변환하는 방법을 소개하겠다.

크로스 미디어의 핵심

AI는 미디어 변환의 아이디어와 초안을 제공한다. 실제 영화 각본, 웹툰, 팟캐스트 제작은 해당 분야 전문가와의 협업이 필요하다.

소설 → 영화 각본 변환 멀티턴

1턴

내 소설의 1장을 영화 오프닝 시퀀스로 바꿔달라.

2턴

카메라 워크를 더 구체적으로 묘사해달라. 어떤 앵글에서 시작할까?

3턴

소설의 내레이션을 대사로 바꿔달라. 주인공의 독백으로.

미디어별 변환 포인트

- 영화 각본: 내레이션을 시각적 장면과 대사로 변환. '보여주기' 중심으로 재구성.
- 웹툰 스크립트: 컷 구성, 말풍선 배치, 효과음 지정. 긴 컷과 짧은 컷의 리듬감.
- 팟캐스트 대본: 청각 중심 연출. BGM, 효과음, 목소리 톤 지정.
- 오디오북: 낭독에 적합한 문장 다듬기. 호흡과 리듬 고려.

미디어 변환의 현실적 한계

AI가 생성한 각본/스크립트는 아이디어 초안이다. 영화 각본은 각본가, 감독과의 협업이 필요하고, 웹툰은 웹툰 작가의 시각적 해석이 필수다.

17강

AI 번역의 미학
: 문학 작품의 언어 간 여행

언어의 경계를 넘나드는 번역가 지망생 Kay다. 오늘은 AI와 함께 문학 작품을 번역하면서 겪은 흥미진진한 경험을 나눠보겠다.

AI 번역의 한계 이해하기

AI 번역은 빠르게 발전하고 있지만, 문학 번역에는 한계가 있다

- 문화적 맥락과 뉘앙스를 완벽히 전달하기 어려움
- 시적 표현, 언어유희, 운율의 번역은 인간 번역가 수준에 미치지 못함
- AI 번역은 '초안' 또는 '참고용'으로 활용하라

문학 번역 멀티턴 예시

1턴

　이 영어 시를 한국어로 번역해달라.

2턴

　좀 더 현대적인 감각으로 다시 번역해달라.

3턴

　한국 전통 시조 형식으로 바꿔볼 수 있나?

4턴

　원문의 'summer's day'를 한국적 정서로 바꾸면 뭐가 좋을까?

AI 번역을 출판이나 공식 용도로 사용하기 전에 원어민 또는 전문 번역가의 검토가 필수다. 문화적 오해나 부적절한 표현이 없는지 확인하고, 저작권 문제도 확인하라.

————— 18강 —————

AI와 함께하는 작가의 일상
: 생산성과 창의성의 균형

AI와 함께 글쓰기의 새로운 길을 모색 중인 작가 지망생 Kay다. 오늘은 AI를 일상적인 글쓰기 과정에 어떻게 통합하고 있는지, 그리고 생산성과 창의성의 균형을 어떻게 맞추고 있는지 나눠보겠다.

AI 활용의 핵심 원칙

AI는 도구일 뿐, 나는 작가다. AI의 제안은 창의성을 자극하는 출발점이다. AI가 그린 밑그림 위에 내 상상력으로 생명을 불어넣는 것이 작가의 역할이다.

AI와 함께하는 창작 일과

- 아이디어 브레인스토밍: "오늘의 글감 좀 제안해달라." AI와 대화하며 영감을 얻으라.
- 리서치 보조: 소설 배경에 대한 정보를 AI에게 물어보라. 단, 검증이 필요하다.
- 캐릭터 발전: 캐릭터의 성격, 배경, 동기를 AI와 대화하며 발전시켜라.
- 교정과 피드백: 초고를 완성하고 AI에게 검토를 부탁하라.

균형 잡힌 창작 루틴 예시

- 아침: AI와 브레인스토밍, 아이디어 정리
- 오전: AI 없이 집중 글쓰기 (순수 창작 시간)
- 오후: AI와 함께 초고 검토, 피드백 받기
- 저녁: AI 없이 윤색, 마무리

AI 리서치의 주의점

AI에게 시대 배경, 역사적 사실, 전문 지식을 물을 때 AI는 그럴듯하지만 틀린 정보를 제공할 수 있다. AI 정보는 '아이디어'로만, 사실 확인은 신뢰할 수 있는 자료로 하라.

미래의 문학 교육
: AI가 바꾸는 글쓰기 수업

미래지향적 교육을 꿈꾸는 국어 선생님 Kay다. 오늘은 AI를 활용해 학생들과 함께한 신선한 글쓰기 수업 경험을 나눠보겠다.

AI 교육 활용의 핵심

AI는 조력자, 학생이 주인공이다. AI의 도움을 받되, 항상 학생의 생각과 감성을 중심에 두어야 한다. AI의 제안은 출발점일 뿐, 그 위에 학생들의 독특한 색깔을 입히는 것이 목표다.

AI 활용 글쓰기 수업 사례

- 창의적 주제 제안: AI에게 작문 주제를 요청해 학생들의 상상력을 자극하라.
- 맞춤형 피드백: 학생 개개인의 글쓰기 스타일을 분석하고 맞춤형 조언을 제공하라.
- 협업 글쓰기: AI와 학생들이 함께 릴레이 소설을 만들어가는 프로젝트.

1. **교사의 역할은 대체 불가:** AI 피드백은 교사의 세심한 지도를 대체할 수 없다. 학생의 감정, 맥락, 성장 과정은 교사만이 온전히 이해할 수 있다.
2. **AI 의존 방지:** 학생들이 AI에 과도하게 의존하지 않도록 지도하고, AI 없이 글쓰기 연습도 병행하라.

————————  ————————

AI와 함께 쓰는 어린이 문학
: 상상력의 새로운 놀이터

어린이의 눈높이에서 세상을 바라보는 동화 작가 Kay다. 오늘은 AI와 함께 어린이 문학의 신비로운 세계를 탐험한 이야기를 들려주겠다.

어린이 문학의 특수성

어린이 문학은 성인 문학과 다른 특별한 고려가 필요하다. 연령에 맞는 어휘와 문장 길이, 아이들이 공감할 수 있는 캐릭터와 상황, 재

미와 교훈의 자연스러운 균형. AI는 아이디어를 제공하지만, 아이 눈
높이로 다듬는 것은 작가의 몫이다.

동화 창작 멀티턴 예시

1턴

  우주를 배경으로 한 재미있는 동화 소재를 5개 제안해달라.

2턴

  우주 강아지 아이디어가 좋다. 캐릭터를 더 구체적으로 만들어달라.

3턴

  이 캐릭터가 지구 바다로 휴가를 가면 어떤 재미있는 일이 생길까?

4턴

  아이들이 웃을 수 있는 귀여운 반전을 추가해달라.

5턴

  이 이야기에 자연스럽게 녹일 수 있는 교훈은 뭐가 있을까?

AI 콘텐츠의 아동 적합성 검토

AI가 생성한 어린이용 콘텐츠는 반드시 검토가 필요하다. 연령에
부적절한 표현이나 개념이 포함되지 않았는지, 어휘 수준이 대상 연
령에 적합한지, 무서운 요소나 부정적 메시지가 없는지 확인하고, 실
제 아이에게 읽어보고 반응을 확인하라.

21강

AI 필명의 탄생
: 디지털 시대의 새로운 작가 정체성

수많은 얼굴을 가진 작가 Kay다. 오늘은 AI의 도움으로 여러 필명을 만들고 각각 다른 장르의 글을 쓰게 된 여정을 들려주겠다.

필명 개발 멀티턴 예시

1턴

로맨스, SF, 추리 장르에 각각 어울리는 필명을 제안해달라.

2턴

'달빛 속삭임'이 마음에 든다. 이 필명에 어울리는 문체 특징을 설명해달라.

3턴

이 필명의 작가 페르소나를 만들어달라. 배경, 성격, 글쓰기 동기 포함해서.

4턴

이 문체 특징을 '문체 가이드'로 정리해달라. 나중에 AI에게 제공할 수 있게.

문체 가이드 예시

○ 필명: 달빛 속삭임

- ○ 장르: 로맨스

- ○ 문체: 서정적이고 부드러운 문체, 감각적 묘사 풍부

- ○ 문장 특징: 중간 길이 문장, 은유적 표현 선호

- ○ 피해야 할 것: 직설적 표현, 기술적 용어

필명 사용의 윤리적 고려

1. **독자 기만 방지:** 가짜 경력, 허위 자격 주장 금지
2. **AI 사용 투명성:** 필요한 경우 AI 활용 사실 공개 고려

출판 계약 시 실명 공개 요구될 수 있음

AI와 함께하는 글쓰기 워크숍
: 가상 공간에서의 협업

디지털 시대의 글쓰기 탐험가 Kay다. 오늘은 AI와 함께 온라인에서 진행한 글쓰기 워크숍 경험을 나눠보겠다.

온라인 글쓰기 워크숍에서 AI 활용하기

- 창의적 프롬프트 제공: AI에게 글쓰기 주제와 제약 조건을 요청하라.
- 실시간 피드백 보조: 참가자들의 글에 대한 초기 피드백을 AI에게 요청하라.
- 문화적 교량: 다국적 참가자들의 문화적 차이를 이해하는 데 AI가 도움을 줄 수 있다.
- 협업 조율: 릴레이 소설 등 협업 글쓰기에서 일관성을 체크하라.

워크숍 진행 멀티턴 예시

1턴

오늘 워크숍을 위한 창의적인 글쓰기 주제 5개를 제안해달라.

2턴

'고향의 전설을 현대적으로 재해석' 주제로 가자. 글쓰기 제약 조건을 3가지 추가해달라.

3턴

[참가자 글 제공] 이 글의 강점과 개선점을 분석해달라.

AI 활용 협업의 주의점

1. **번역의 한계:** AI 번역은 문학적 뉘앙스를 완벽히 전달하지 못할 수 있다.

2. **트렌드 분석 주의:** AI가 말하는 '문학 트렌드'는 검증이 필요하다.

3. **인간 교류 우선:** AI는 보조 도구일 뿐, 작가들 간의 직접 소통이 핵심이다.

AI가 제안하는 새로운 문학 장르
: 미래의 책 형태 탐구

미래 문학의 개척자 Kay다. 오늘은 AI와 함께 탐험한 미래 문학의 세계를 소개하겠다. 텍스트를 넘어, 감각과 기술이 어우러진 새로운 차원의 이야기... 함께 상상의 날개를 펼쳐보자.

미래 문학의 핵심 원칙

아무리 혁신적인 형식이라도, 독자의 마음을 움직이는 건 이야기의 힘이다. 기술은 이야기를 전달하는 수단이지, 이야기 자체를 대체할 수 없다.

AI가 제안하는 미래 문학 형태

1. 인터랙티브 내러티브

독자의 선택에 따라 이야기가 달라지는 형태. 이미 '선택형 소설'이나 인터랙티브 게임 형태로 존재하며, AI가 더 복잡한 분기를 관리하는 데 도움을 줄 수 있다.

2. AR/VR 문학

증강현실이나 가상현실 기술을 활용해 이야기를 체험하는 형태. 특정 장소를 방문하면 그곳에서 펼쳐지는 이야기를 AR로 경험하거나, VR로 소설 속 세계에 직접 들어가는 것.

3. 집단 창작 내러티브

전 세계 독자들이 실시간으로 참여해 만들어가는 이야기. AI가 중재자 역할을 하며 수많은 아이디어를 조율하고 일관성을 유지한다.

현실적 관점

미래 문학에 대한 상상은 흥미롭지만, 현실적인 관점도 필요하다. 대부분의 독자는 여전히 텍스트 기반 읽기를 선호하고, 기술이 발전해도 '좋은 이야기'의 본질은 변하지 않는다. 지금 당장 활용할 수 있는 기술에 집중하는 것이 실용적이다.

1. 이야기의 본질에 집중: 어떤 형식이든 독자의 마음을 움직이는 이야기가 핵심이다.

2. 멀티미디어 감각 기르기: 텍스트 외에 소리, 이미지, 영상으로 이야기하는 방법을 익혀라.

3. 독자와의 상호작용: 일방적 전달이 아닌, 독자와 함께 만들어가는 이야기를 고민하라.

AI는 당신의 붓이고, 경험은 당신의 물감이다

"컴퓨터는 쓸모가 없다. 그저 대답만 할 수 있기 때문이다."

-파블로 피카소

피카소는 컴퓨터를 보며 이렇게 냉소했다. 대답밖에 할 수 없는 기계가 인간의 창조성을 따라올 리 없다는 일갈이었다.

아이러니하게도, 이 말은 AI 시대를 살아가는 작가들에게 가장 날카로운 통찰이 되었다.

우리가 손에 쥔 AI는 인류 역사상 가장 똑똑한 '대답 기계'다. 그러나 이 기계는 당신이 입을 열기 전까지는 완벽하게 무능하다. 텅 빈 프롬프트 창 앞에서, AI는 당신의 첫 문장만을 하염없이 기다리고 있다.

피카소에게 붓이 있었다면, 우리에겐 AI가 있다.

피카소가 위대한 이유는 값비싼 붓이나 희귀한 물감 때문이 아니다. 붓과 물감은 도구일 뿐, 캔버스 위에 펼쳐진 것은 그의 영혼과 시선이었다. 붓이 스스로 〈게르니카〉를 그릴 수 없듯, AI도 스스로 걸작을 쓸 수는 없다.

이 책을 통해 우리는 AI라는 최첨단의 '붓'을 잡는 법을 배웠다. 이제 그 붓으로 무엇을 그릴지는 온전히 당신에게 달려 있다.

당신의 삶이 곧 최고의 물감이다.

AI는 세상의 모든 데이터를 품고 있지만, 단 한 가지 없는 것이 있다. 바로 당신의 삶이다. AI는 이별의 아픔을 데이터로 알지만, 가슴이 미어지는 그 통증은 모른다. 성취의 정의는 알지만, 심장이 터질 듯한 희열은 모른다. 오직 당신만이 가진 그 고유한 경험, 당신의 상처, 당신의 기쁨. 그것이 이 붓을 적실 유일무이한 물감이다.

작가는 이제 '쓰는 사람'에서 '그리는 사람'으로 확장되었다.

AI라는 정교한 붓을 들고, 당신의 삶이라는 물감을 찍어, 백지 위에 당신만의 세상을 그려내라. 두려워하지 마라. AI는 당신의 손길을 기다리고 있고, 세상은 당신의 그림을 볼 준비가 되어 있다.

이제, 당신이 붓을 움직일 차례다.

Kay(황충연)

이 책을 만드는 데 도움을 주신 분들

55

검은우주

권상운

김규태

김배진

나비

류찬호

민들레서울

박영준

변주영

사랑이네♡

샤로트

수리

안재욱

윤서네

이누

이상규

이하율

정종태

주식회사 밸류업큐레이션
대표이사 이석원

지상의별

찰진

최은Silver

호정

홍병옥

ghk

AI로 나만의 책 쓰는 법

2026 최신개정판 1쇄 인쇄 2026년 3월 5일
2026 최신개정판 1쇄 발행 2026년 3월 10일

지은이 Kay(황충연)
펴낸이 이윤규

펴낸곳 유아이북스
출판등록 2012년 4월 2일
주소 서울시 용산구 효창원로 64길 6
전화 (02) 704-2521
팩스 (02) 715-3536
이메일 uibooks@uibooks.co.kr

ISBN 979-11-6322-188-3 (03190)
값 18,000원